MANUEL A. CARNEIRO DA FRADA
Assistente da Faculdade de Direito de Lisboa

RENOVAÇÃO
DE DELIBERAÇÕES SOCIAIS

COIMBRA
1987

Separata do VOL. LXI (1985)
do Boletim da Faculdade de Direito
da Universidade de Coimbra

Composto e impresso na Gráfica de Coimbra — 1500 ex. — Julho de 1987
Depósito legal n.º 2896/83

RENOVAÇÃO DE DELIBERAÇÕES SOCIAIS

O artigo 62.º do Cód. das Sociedades Comerciais *

1. Introdução e apresentação do instituto

Na vida de uma sociedade, acontece frequentemente tomarem-se deliberações inquinadas de um vício que as tornam ou podem tornar inidóneas para alcançar os efeitos a que vão endereçadas. A dúvida sobre a validade duma deliberação pode causar embaraços compreensíveis no desenrolar posterior da actividade social. Para já não falar de quando uma acção de declaração de nulidade ou de anulação vem a ser efectivamente

---

* O estudo que agora se publica foi elaborado originariamente para a disciplina de Direito Comercial que frequentamos no âmbito do Mestrado em Ciências Jurídico-Civilísticas na Universidade de Coimbra durante o ano lectivo de 1985/86.

Posteriormente introduzimos-lhe ligeiras modificações sobretudo para podermos levar em conta o Código das Sociedades Comerciais entretanto entrado em vigor, de resto, e no conjunto, sem significativas alterações relativamente ao Projecto quanto à matéria que nos ocupou.

Desejamos lembrar nesta ocasião o nome do Senhor Professor Vasco da Gama Lobo Xavier. E a um duplo título. Antes do mais, porque foi ele quem, por primeira vez entre nós, estudou com desenvolvimento a renovação das deliberações a propósito do seu tema de doutoramento. E se não pôde evidentemente tomar em consideração a evolução legislativa posterior, os seus pontos de vista foram para nós sólida estrutura de apoio, que não vemos, mesmo hoje, dever ser desatendida.

Depois, porque queremos deixar expresso o reconhecimento que lhe devemos, recordando o seu incentivo, a disponibilidade com que sempre julgou por bem atender-nos e tudo o que, ao longo de um ano, dele pudemos aprender.

4

interposta. O longo período de incerteza que então se instala até que sejam definitivamente julgadas essas acções pode gerar graves inconvenientes ao desenvolvimento e célere prossecução dos interesses e negócios da sociedade: seja o caso da impugnação da deliberação que elegeu os corpos gerentes duma sociedade e que pode paralisar em boa medida a gestão social; ou o caso da impugnação duma deliberação de aumento do capital social num momento de urgente necessidade de fundos.

Mas, mesmo depois de transitada em julgado a sentença que decida pela nulidade ou anulação de uma dada deliberação, podem ainda subsistir importantes dificuldades de destruir as consequências já produzidas em execução da deliberação inválida [1].

Foi para obviar a estes inconvenientes que o Código das Sociedades Comerciais consagrou no seu art. 62.º a possibilidade da reiteração de uma deliberação inválida por uma outra, tomada agora regularmente, que renova a definição de interesses por aquela outra apresentada [2]. Oferece-se assim aos sócios a possi-

---

[1] Pondo justamente em relevo os obstáculos que se oferecem à sociedade na repristinação das relações baseadas em deliberações viciadas, cfr. ASQUINI, *Rinnovazionne di deliberazione assembleare annulatta*, in *Riv. dir. comm.*, 1940, II, págs. 467-468. A sentença anotada incidiu sobre a seguinte situação de facto: a assembleia geral de uma sociedade deliberara irregularmente a liquidação e a transferência dos bens sociais para uma outra sociedade. Esta deliberação tinha já sido executada quando foi pronunciada sentença de anulação. «Como se podia destruir o facto da liquidação já havida...?» O caminho seguido foi o da renovação com efeito retroactivo da deliberação irregular tomada. A validade de tal renovação foi reconhecida pelo Supremo Collegio na sentença de 17-5-1940.

[2] O art. 62.º do Código das Sociedades reproduz nos seus n.ºs 1 e 2 o art. 82.º do Projecto, o qual por sua vez se decalcou dos arts. 114.º, n.º 3 e 115.º, n.º 2 do *Anteprojecto da Lei das Sociedades por Quotas de responsabilidade limitada* (2.ª redacção), da autoria dos Profs. Ferrer Correia e Vasco da Gama Lobo Xavier e dos Drs. António Caeiro e Maria Ângela Coelho, da Faculdade de Direito de Coimbra. O n.º 3 foi introduzido apenas aquando da revisão definitiva.

O favor que a renovação mereceu do legislador recolhe-se ainda das palavras do art. 57.º, n.º 1: «O órgão de fiscalização da sociedade deve dar a conhecer

bilidade de reconduzir *ad viam iuris* uma deliberação viciada ou, ao menos, de eliminar a dúvida eventualmente existente acerca da validade de uma deliberação, prosseguindo o desiderato da certeza e estabilidade, necessidades que se fazem sentir de modo muito intenso no domínio da actividade social.

Através da renovação, os sócios refazem a deliberação que antes haviam tomado, concluindo sobre o seu objecto uma nova deliberação destinada a absorver o conteúdo daquela e a tomar o seu lugar.

Se uma dada deliberação se apresenta ferida de nulidade [3], os efeitos a que tendia a título directo e principal e em vista dos quais foi tomada, não se produzirão [4]. Podem porém os sócios, a quem continua a interessar a regulamentação de interesses (ou o comando) visada pelo acto nulo antecedente, tomar sobre

---

aos sócios, em assembleia geral, a nulidade de qualquer deliberação anterior, a fim de eles a renovarem, sendo possível...».

[3] À nulidade da deliberação é de equiparar a deliberação anulada por sentença. É que anulada uma deliberação, a produção dos seus efeitos tem-se por excluída *ab initio*, de sorte que a deliberação virá deste modo a encontrar-se numa situação similar àquela que é nula: de facto está privada da sua eficácia como se fora nula. A sua invalidade poderá ser invocada por qualquer interessado e mesmo oficiosamente pelo juiz, e a qualquer tempo.

Supõe-se pois que é perfeitamente possível renovar uma deliberação já anulada por sentença. E de facto nenhum obstáculo se descortina à referida renovação. (Cfr. neste sentido, VASCO DA GAMA LOBO XAVIER, *Anulação de deliberação social e deliberações conexas*, Coimbra, 1975, p. 464, nota 108). (Acrescentamos que, pela nossa parte, ainda achamos admissível a renovação de deliberação declarada nula por sentença). Também PAVONE LA ROSA não aceita que limite à renovação seja a anulação da precedente deliberação, pois que a deliberação substitutiva não viola o juízo de invalidade da precedente, uma vez que contém «uma disposição (inteiramente) nova e autónoma». (*La Rinnovazione delle deliberazioni assembleari invalide*, in *Banca, Borsa e Titoli di Credito*, ano 1954, p. 885).

[4] Uma deliberação nula pode, como qualquer negócio jurídico nulo, produzir efeitos indirectos, secundários ou laterais. Quanto à qualificação das deliberações como negócios jurídicos, ela é aceite e pressuposta no texto. Cfr. V. G. LOBO XAVIER, *op. cit.*, p. 554, nota 14, por exemplo, e BARTHOLOMEYCZIK, *Der Körperschaftsbeschluss als Rechtsgeschäft*, in *Zeitschrift für das Gesamte Handelsrecht*, 1938, p. 293 e ss.

o mesmo objecto nova deliberação com o mesmo conteúdo, e agora validamente, a qual virá assim a constituir-se como única fonte dos efeitos jurídicos intentados. É como se a deliberação antecedente não tivesse existido e fosse agora concluída pela primeira vez.

Quando a deliberação primeiramente tomada é simplesmente anulável, o seu destino está dependente do exercício, ou não, do direito de anulação. Mas não deixa de surtir desde o início a eficácia que, segundo o seu teor, lhe deva corresponder [5]. Se os sócios procedem agora a uma renovação da medida aprovada naquela, substituem-na enquanto facto gerador de efeitos jurídi os, do mesmo passo que eliminam os efeitos — precários — por aqueloutra produzidos. A renovação vai pois nestes casos indissociavelmente ligada à revogação da deliberação anterior [6], revogação esta que ocorre na maior parte dos casos tacitamente. Assente que se pretende substituir uma deliberação que está de pé, forçoso é que se queira revogar os efeitos dessa mesma deliberação [7]. Não se pode coerentemente renovar uma deliberação anterior sem se querer simultaneamente revogar os efeitos (ainda que precários) por aquela produzidos; se se trata de substituir uma dada deliberação por outra, tomada agora regularmente, quer-se que seja esta última aquela por força da

---

[5] Pode dizer-se com RUI DE ALARCÃO (*A Confirmação dos negócios anuláveis*, Coimbra, 1971, p. 55) que a deliberação anulável, durante o hiato temporal em que a sua sorte está dependente do exercício do direito de anulação, tem uma «eficácia provisória ou interina, e correspectivamente, uma carência, não actual, mas apenas virtual de efeitos».

[6] Melhor, à revogação dos efeitos da deliberação anterior.

[7] Ao invés, não há revogação quando a deliberação antecedente era nula ou, sendo anulável, tinha já sido proferida sentença de anulação. É que não se produzem então os efeitos jurídicos a que a deliberação renovada principalmente tendia.

Pode perguntar-se porém se, nestes casos, a renovação da deliberação nula ou anulada não implica a revogação da relação de liquidação que eventualmente tenha lugar. Tudo dependerá da vontade manifestada.

qual se produzem certos efeitos. Consequentemente, há a intenção de revogar a anterior deliberação enquanto produtora, também, desses efeitos [8].

Sustentou a este propósito Flechtheim [9] que a deliberação renovatória de uma deliberação anulável é tomada sob condição suspensiva da anulação do acto renovado. Não haveria pois que falar de revogação. Ora um tal entendimento não parece de aceitar. Ele não corresponde aos interesses visados pela deliberação renovatória. Esta visa, positiva e directamente, impedir a instauração do processo de anulação ou então evitar que ele, quando intentado, venha a bom termo [10]. Não é uma deliberação de eficácia condicionada.

Ressumindo em curtas palavras o que acaba de dizer-se, através da deliberação renovatória a sociedade pode afastar os inconvenientes que ao desenvolvimento regular da sua actividade põe a existência de uma deliberação viciada ou, ao menos,

---

[8] A favor da tese defendida no texto segundo a qual a renovação de uma deliberação anulável implica forçosamente que se queira revogar os efeitos dessa mesma deliberação costuma argumentar-se com o resultado inadmissível a que a opinião contrária levaria quando a acção de anulação da deliberação renovada improcedesse: nessa hipótese, deparariamos com a existência paralela de duas deliberações com o mesmo conteúdo, ambas igualmente eficazes (cfr. V. G. LOBO XAVIER, *op. cit.*, p. 448, nota 106 e ALFRED HUECK, *Mangelhafte Gesellschaftsbeschlüsse bei der GmbH*, in *Festschrift für Erich Molitor*, 1962, p. 417). A ideia só reforça a necessidade da revogação, a qual corresponde à lógica da renovação enquanto verdadeira substituição. Mas isto não quer dizer que, quando uma deliberação anulável é reiterada se dê sempre e à priori por assente a revogação daquela. É que a revogação é uma declaração negocial visando a extinção de certos efeitos jurídicos e, portanto, saber se ela ocorreu ou não depende apenas de saber se foi ou não no caso concreto emitida uma declaração negocial naqueles termos. Se o não foi e se então se geram resultados intoleráveis para o Direito, a ordem jurídica impedi-los-á, sem necessidade de recorrer à ficção de dar sempre por verificada a revogação.

[9] *Das Urteil auf Ungültigkeitserklärung eines Generalversammlungsbeschlusses*, in *Festschrift für Ernst Zittelmann*, Munique, 1913, p. 31.

[10] Neste sentido, V. G. LOBO XAVIER, *op. cit.*, p. 448, nota 106 e BALLERSTEDT, *Die Anfechtung anfechtbarer Beschlüsse*, in *Zeitschrift für das Gesamte Handelsrecht und Witschaftsrecht*, 1962, pp. 238-239.

a incerteza da sua validade. Através dela, entra em cena uma *nova* regulamentação ou um *novo* comando das relações sociais cujos efeitos são (estes assim) plenamente estáveis [11]. Em determinados casos e conforme se verá infra, a renovação obstará até a que possa vir a bom termo a acção de impugnação ou declarativa de nulidade intentada contra a anterior deliberação viciada.

É este o alcance prático visado pelo legislador com as regras do art. 62.º do Código das Sociedades Comerciais. Convirá entretanto dizer que a faculdade de renovação, nesses preceitos reconhecida, se tem que considerar como existente independentemente de consagração expressa. Ela é por certo uma das manifestações da capacidade jurídica das sociedades comerciais. Pelo que, sob este aspecto, a solução decorreria já dos princípios gerais [12].

2. A renovação e as figuras afins

Feita a apresentação do instituto e das necessidades práticas a que ele visa dar resposta, cumprirá agora estabelecer com maior precisão os seus contornos mediante o confronto com algumas figuras afins.

2.1. *Renovação e substituição*

Dissemos atrás que a renovação se analisava na substituição de uma anterior deliberação por uma outra que lhe tome o

---

[11] Supondo, claro está, que a nova deliberação se apresenta imune de qualquer vício.

[12] Não se nega contudo a conveniência da consagração positiva do instituto. Ela vem aclarar certas e importantes questões de regime, nem sempre pacíficas entre os autores, tornando assim mais fácil e segura a utilização da figura.

conteúdo. E na verdade, se se trata de concluir *ex novo* sobre um mesmo objecto uma outra deliberação, à qual são de imputar em exclusivo os efeitos jurídicos pretendidos, trata-se também de substituir a anterior deliberação (pela posterior) enquanto fonte geradora desses efeitos. À renovação vai pois indissociavelmente ligada uma substituição [13].

Não nos parece porém que toda a substituição se identifique e portanto se esgote numa renovação. Com efeito, a deliberação renovatória deve respeitar o essencial do conteúdo da deliberação renovada [14]. Já a substituição parece não exigir este requisito.

---

[13] A implicação de uma substituição na figura da renovação não é pacificamente aceite. Contra, ao que parece, ZÖLLNER, *Die Bestätigung anfechtbarer Hauptversammlungsbeschlüsse*, in *Zeitschrift für Zivilprozess*, 1968, p. 136, nota 2, e K. SCHMIDT, in *Scholz Kommentar*, 1978, II vol., p. 19, os quais admitem uma deliberação renovatória cumulativa. Mas a favor da opinião do texto, V. G. LOBO XAVIER, *op. cit.*, p. 447, nota 106, BALLERSTEDT, *op. cit.*, p. 239 e NATALINO IRTI, *La Ripetizione del negozio giuridico*, Milão, 1970, p. 145 e ss., por exemplo. Na ausência de substituição parece preferível falar-se de uma repetição de deliberação.

[14] Alguns autores exigem uma identidade total do conteúdo de ambas as deliberações (cfr., por exemplo, IRTI, *op. cit.*, p. 2 e ss. e p. 135 e ss.; também, ao que parece, ROMANO-PAVONI, *Le deliberazioni della assemblea della società*, Milão, 1951, onde escreve a p. 342 que na renovação «se muda por assim dizer o continente, mantendo-se o conteúdo»); outros admitem modificações (assim, por exemplo, RUI DE ALARCÃO, *op. cit.*, p. 108 onde fala da renovação «quando às partes interessa *modificar* a regulamentação estabelecida, não lhes bastando para tal um simples pacto modificativo», e LINA GRISENTI, *Note sull'art.* 2377, *último comma, c. c. e sulle «deliberazione implicite» nelle società di capitali*, in *Rivista delle Società*, ano 1968, p. 601 e ss.). Cremos que quando a alteração ultrapassa certos limites, por certo às vezes difíceis de definir, já não se poderá falar de renovação (justamente dubitativo, V. G. LOBO XAVIER, *op. cit.*, p. 448 nota 106). E não parece que o recurso, aqui, à ideia da identidade, ao menos, do «tipo» de deliberação, se revista de utilidade e clareza.

A questão é mais de nível construtivo do que prático dada a aplicabilidade à substituição de muitos dos pontos de vista que iremos defendendo para a renovação. Para relevar um aspecto, a substituição é, tal como a renovação, susceptível de fazer perder o interesse em agir pressuposto na acção instaurada contra a anterior deliberação. Mas a concreta qualificação que mereça uma nova deliberação não deixa de ter interesse: assim, só se ela for renovatória é que opera o efeito excepcional do convalescimento da primeira, como a nossa lei expressamente prevê no art. 62.º, n.º 2 (cfr. infra, n.º 6.5.).

10

Para que a haja basta que uma nova regulamentação (eventual-mente diversa) deva ocupar o lugar da anterior. Teremos assim uma substituição e não já uma renovação, sempre que os sócios tomem uma deliberação com conteúdo diferente do da antecedente cujo lugar vem ocupar [15].

2.2. Renovação e revogação

Cremos não haver confusão possível entre os dois institutos. Na renovação reitera-se uma mesma regulamentação de interesses cuja fonte passa a estar exclusivamente sedeada no acto renovativo. Por seu turno a revogação é um negócio jurídico que visa extinguir os efeitos jurídicos produzidos por um anterior acto.

A aproximação que se faz entre as duas figuras tem antes por fim o pôr em relevo que a renovação de uma deliberação coenvolve necessariamente a sua revogação quando essa deliberação, por não ser nula, for apta à produção dos efeitos jurídicos por ela visados. Haverá pois revogação sempre que a deliberação renovada for plenamente válida ou quando ela for simplesmente anulável, pois que então, como já se observou, essa deliberação surte eficácia desde o início e enquanto não for anulada. Quanto à razão pela qual nestes casos a deliberação de revogação se acha presente junto da própria deliberação renovatória, já dissemos acima que ela é imposta pela própria lógica dos fins visados com a renovação.

Se a renovação o é de deliberações nulas, já não é concebível a possibilidade de haver revogação das mesmas. Sendo objecto

---

[15] Neste sentido FERRI, *Le società*, 1971, p. 324 e ainda in *Trattato di diritto civile italiano*, vol. X, tomo 3.º, p. 482; contra, equiparando ambas as figuras, V. G. LOBO XAVIER, *op. cit.*, p. 447, nota 108. Diga-se a propósito que o Codice Civile utiliza o termo «substituição» em vez de «renovação» no lugar paralelo do art. 62.º do Código das Sociedades (cfr. art. 2377.º, último apartado).

da revogação a eliminação de determinados efeitos jurídicos anteriores, pressuposto da figura será justamente a existência de efeitos jurídicos a extinguir, o que não é o caso neste tipo de deliberações [16].

2.3. Renovação e confirmação

Cumpre observar primeiramente que o âmbito das duas figuras é diferente. Enquanto a renovação pode ter lugar quer relativamente a deliberações nulas quer a deliberações anuláveis, já a confirmação é um instituto reservado apenas às deliberações anuláveis [17].

Atendendo ao conteúdo dos actos note-se que, se na renovação uma deliberação se conclui *ex novo*, como se não tivesse existido negócio anterior, na confirmação, diferentemente, a deliberação inválida anterior é convalidada «por força de um acto, complementar ou integrativo, cuja função é precisamente a de operar o convalescimento daquela outra, a qual fica a valer como se tivesse sido celebrada sem defeito» [18]. Havendo renovação, os efeitos jurídicos passam a imputar-se unicamente à deliberação renovatória. Inversamente a confirmação consiste numa declaração positiva de querer manter a eficácia da deliberação anterior inválida: fonte de efeitos jurídicos é, neste último caso, a própria deliberação inválida integrada ou complementada

---

[16] Deve ressalvar-se porém a possibilidade de se revogarem os efeitos repristinatórios das deliberações nulas quando os haja.

[17] Sobre o ponto, RUI DE ALARCÃO, *op. cit.*, § 1 do Cap. I. Não ignoramos que o Código Civil parece nalgumas das suas disposições sugerir que certos casos de nulidade são susceptíveis de confirmação (cfr. arts. 968.º e 2309.º). Mas como explica o autor por último citado, é preferível falar aí de uma perda, por parte de certa ou certas pessoas, do direito à invocação da nulidade, de uma como que renúncia a tal invocação (*op. cit.*, p. 129 e ss.; quanto aos arts. 1939.º, n.º 2 e 1941.º, cfr. p. 137 e ss.).

[18] RUI DE ALARCÃO, *op. cit.*, p. 111.

pelo acto confirmativo, no qual o interessado declara querer a validação da deliberação anterior, renunciando, ao mesmo tempo, ao direito de a invalidar.

Pode dizer-se que a deliberação renovatória é um negócio jurídico de primeiro grau, ao passo que o acto confirmativo é um acto de segundo grau ao reportar-se a um negócio diferente (a deliberação confirmada), apenas por referência ao qual produz efeitos jurídicos. Ele será assim um negócio sobre negócio.

Será ocasião de perguntar agora se os sócios podem, verificada a anulabilidade de uma deliberação anteriormente tomada por eles, deliberar a confirmação daquela. Se tal caminho lhes estivesse aberto, teríamos que a confirmação poderia desempenhar relativamente a deliberações anuláveis uma função análoga à da renovação dessas deliberações: ser um expediente eficiente de sanação dos vícios das deliberações e um obstáculo eficaz aos inconvenientes que a impugnação das deliberações sociais traz consigo ao saudável desenvolvimento da vida social. Com efeito, teríamos que «a acção em que se houvesse requerido a anulação da deliberação viciada deveria improceder, por superveniente extinção do direito do autor (art. 663.º do Código de Processo Civil), desde que a confirmação tivesse ocorrido até ao momento previsto neste último preceito» [19] [20].

---

[19] V. G. LOBO XAVIER, *op. cit.*, p. 543, nota 106.

[20] A confirmação mediante acto corporativo leva, em alguns casos, vantagem sobre a renovação, como aponta de resto a doutrina alemã (cfr., por exemplo, HUECK, *op. cit.*, p. 417 e BALLERSTEDT, *op. cit.*, p. 241 e ss.). Esses casos são aqueles em que a renovação implica revogação da deliberação anterior e quando essa revogação depara com obstáculos difíceis de superar. Seja a renovação de uma deliberação anulável de aumento do capital social. Esta renovação implica revogação da deliberação anterior e obriga assim a proceder a uma redução do capital social com todas as complicações e dificuldades que tal procedimento acarreta (também no plano registal), ao contrário do que aconteceria se a deliberação anulável fosse confirmada, pois que não haveria aí revogação da deliberação anterior. Outro exemplo é o da deliberação anulável de distribuição de dividendos quando esta já tenha sido executada. A renovação implicaria revogação e esta, quando não fosse impossível por afectar o direito

Parece porém que o nosso sistema jurídico não consente a confirmação de uma deliberação anulável mediante nova deliberação. Na verdade, falta à assembleia geral legitimidade para tomar uma deliberação confirmatória. É que o art. 288.º, n.º 2 do Código Civil apenas confere o poder de confirmar um acto inválido a quem tenha legitimidade para arguir a anulabilidade do acto [21]. No domínio das deliberações sociais, os titulares do direito de anulação daquelas são os sócios, e só estes portanto, (e não já a assembleia), detêm o poder de as confirmar. O que vale por dizer que uma deliberação anulável não pode convalescer mediante um acto corporativo confirmatório. A confirmação de uma deliberação anulável exigirá tantos negócios confirmatórios quantos os sócios legitimados para a impugnação daquela. Bastará que um desses sócios se negue à confirmação para que a deliberação se não sane. Com isto, o instituto em referência perde boa parte da sua utilidade como meio de obviar aos inconvenientes, apontados no início deste trabalho, provocados por deliberações sociais inválidas.

Um quadro legislativo semelhante vigorava na Alemanha antes da Aktiengesetz de 1965 e ele não foi considerado por Von Caemmerer [22] obstáculo decisivo à admissibilidade de deliberações confirmatórias. Dizia este autor que o § 144 do BGB

---

dos sócios de boa fé sobre os dividendos já distribuídos, depararia sempre com obstáculos práticos na eventual execução. (E não se argumente aqui que a revogação operaria apenas para permitir uma nova deliberação com o mesmo conteúdo, sem que houvesse lugar a prejuízos de ninguém. É que nada garantiria que, revogada a deliberação anterior, a subsequente se apresentasse imune de vícios; cfr. infra, nota 50).

[21] A transposição de uma solução válida em direito civil para o direito das sociedades exigiria certamente alguns esclarecimentos e justificações, os quais não cabem na economia deste estudo. Contudo somos da opinião que nem mesmo o art. 2.º pode, à viva força, impedir que se façam sentir as consequências da matriz juscivilista de tantos institutos comerciais.

[22] *Die Bestätigung anfechtbarer Hauptversammlungsbeschlüsse*, in *Festschrift für Alfred Hueck*, 1959.

14

(correspondente ao nosso art. 288.º do Código Civil) contemplava apenas os casos normais em que coincidem a qualidade de titular do direito de anulação com a de autor da declaração viciada. Quando, como na situação a que nos reportamos, essa coincidência se não verificasse, poderia o autor da declaração viciada, (a sociedade, portanto), ser admitido à confirmação, pois que da sanação de um vício ocorrido em si se tratava, mesmo que lhe faltasse legitimidade para, não confirmando, vir anular a declaração[23]. Como justificação da sua opinião encontra-se a ideia de que o direito de anulação de uma deliberação não é concedido ao sócio para defender interesses pessoais seus, mas unicamente como meio de controlo da conformidade das deliberações sociais, no seu conteúdo e no seu processo formativo, com a lei ou com os estatutos[24]. O sócio com direito a impugnar uma deliberação exercitaria esse direito no «interesse corporativo», exercendo pois uma função social. Esse interesse encontraria satisfação desde que a sociedade deliberasse validamente a confirmação da anterior deliberação anulável. Não seria pois necessário exigir de todos os legitimados à impugnação a confirmação da deliberação anulável.

A posição descrita não parece porém a mais correcta. Desde logo pelo fundamento que dá ao direito de anulação do sócio, pois que deve considerar-se mais realisticamente que o direito de impugnação é exercido por aquele por sua conta e no seu interesse[25]. Bem vistas as coisas, o interesse corporativo não existe referido a um sujeito distinto dos sócios, pois ele reconduz-se em última análise a interesses dos sócios. Ele não pode de facto significar outra coisa senão o interesse comum de todos eles na consecução do escopo da sociedade, e não deve portanto

---

[23] Cfr. *op. cit.*, p. 285 e ss., especialmente.
[24] Cfr. *op. cit.*, p. 288.
[25] Para maior desenvolvimento, cfr. V. G. LOBO XAVIER, *op. cit.*, p. 288, nota 38.

ser conotado com qualquer teoria organicista da sociedade. O que está em consonância com a consideração de que a atribuição de personalidade jurídica a uma sociedade mais não representa senão um mero expediente técnico-jurídico de imputação e configuração de efeitos com vista à satisfação das necessidades da moderna vida económica. Ora, foi o próprio legislador quem, não se contentando com a atribuição do direito de anulação de uma deliberação à própria sociedade, o conferiu positivamente aos sócios. Se a confirmação de um acto envolve sempre a renúncia ao direito de o anular (embora seja sempre algo mais do que esta [26]), essa renúncia, no caso, não poderá deixar de vir dos sócios titulares do direito de anulação [27]. O que quer dizer que sem essa renúncia, nunca a deliberação poderá convalescer. Tudo isto para além da dificuldade levantada pelo art. 288.º n.º 2 do Código Civil [28].

3. O objecto da renovação

A matéria a versar no presente ponto é a de saber que deliberações podem concretamente ser alvo de uma deliberação renovatória. A esta questão responde o art. 62.º do Código, dizendo que o objecto da renovação podem ser deliberações nulas por força das alíneas a) e b) do n.º 1 do art. 56.º e deliberações anuláveis.

---

[26] Cfr. RUI DE ALARCÃO, op. cit., p. 87 e ss..

[27] Neste sentido, por exemplo, V. G. LOBO XAVIER, op. cit., p. 455 nota 106.

[28] A posição expendida tem por referência o direito vigente. Nada impede que o legislador erija a confirmação mediante deliberação a modo de convalescimento de uma deliberação anulável anterior. Assim, a Aktiengesetz alemã de 1965, recolhendo as investigações e sugestões de Von Caemmerer previu expressamente no seu § 244 a possibilidade da dita confirmação.

Liminarmente pode começar por observar-se que a disposição referida exclui das deliberações renováveis as deliberações inexistentes [29]. Ora essa exclusão é evidente. Consistindo a renovação no «fazer de novo» uma deliberação anteriormente tomada, ela é impensável quando não há verdadeiramente nenhuma deliberação precedente a renovar, por faltar de todo em todo uma factualidade anterior correspondente [30].

Quanto à renovação de deliberações nulas, verifica-se que o Código apenas a prevê expressamente para dois casos: *a)* deliberações tomadas em assembleia geral não convocada, a não ser que todos os sócios tenham estado presentes ou representados; *b)* deliberações tomadas mediante voto escrito sem que todos os sócios com direito de voto tenham sido convidados a exercer esse direito, salvo se todos eles tiverem dado por escrito o seu voto. As duas situações previstas têm em comum o respeitarem apenas a deliberações nulas por vícios de procedimento [31]. E cabe aqui perguntar se a renovação não será também de admitir relativamente a deliberações com outros vícios de procedimento, vícios de nulidade, que não os expressamente referidos no art. 62.º

---

[29] Alguns autores consideram a inexistência como um tipo de invalidade (cfr. por todos, MOTA PINTO, *Teoria Geral do Direito Civil*, Coimbra, 1983, p. 594). Mas contra, e em nosso juízo, com melhor fundamento, RUI DE ALARCÃO, *op. cit.*, p. 33-48 e RAFFAELE TOMMASINI, in *Enciclopedia del Diritto*, v. *Nullità*.

[30] Não vamos aqui embrenhar-nos na discussão de saber quando nos deparamos com uma deliberação inexistente. Para uma resenha das hipóteses para as quais se tem reclamado a figura de inexistência, cfr. V. G. LOBO XAVIER, *op. cit.*, p. 196, nota 94. Sempre diremos porém que, quaisquer que sejam as dificuldades que se nos deparem no preenchimento dessa figura, ela será de afirmar, pois não se vê que se possa sequer falar de uma deliberação sem que a esse conceito se faça corresponder uma factispecie mínima que seja o suporte da sua identificação como deliberação.

[31] Isto é, por vícios que respeitam à sucessão de actos ordenados de certo modo em vista da produção de determinado efeito final: a deliberação. Cfr., V. G. LOBO XAVIER, *op. cit.*, p. 265, nota 1.

n.º 1. Não se descortinam quaisquer obstáculos à aludida possibilidade [32].

Dir-se-á que a norma referida é de regulamentação fechada, mas a objecção não procede: não parece que o legislador tenha querido regular no preceito em causa toda e qualquer renovação de deliberações nulas, admitindo-a apenas para os dois casos que expressamente previu. O seu propósito não foi tanto o de indicar positivamente o âmbito da aludida renovação como o de excluir a possibilidade de renovação para as deliberações nulas por força das alíneas *c*) e *d*) do art. 56.º, o que adiante melhor se compreenderá. Continuará assim a ser possível, como os interesses reclamam de forma imperiosa, a renovação de todas as deliberações nulas por vício de procedimento, mesmo para além dos dois casos expressamente previstos, quer por interpretação extensiva ou analógica do art. 62.º n.º 1, quer ao abrigo da capacidade jurídica das sociedades comerciais.

É igualmente de aceitar, mesmo na ausência de texto legal expresso, a renovação de deliberações declaradas nulas ou anuladas, quando o vício de que estas padeciam dissesse respeito ao procedimento.

(Como é também possível a renovação daquelas deliberações que, embora apresentando um processo formativo inteiramente válido, não obstante são ineficazes por não terem respeitado exigências particulares de documentação [33]. Claro está, a deli-

---

[32] No nosso artigo «Deliberações sociais inválidas no novo Código das Sociedades», em curso de publicação, pronunciámo-nos a favor do carácter não taxativo do elenco de deliberações nulas que consta do art. 56.º. Justificámos como situações de nulidade ali não contempladas aquelas em que uma deliberação aparece como tomada unanimemente por escrito quando na realidade o não foi. E ainda, nos termos em que o procedimento da votação maioritária por escrito se admite, aquelas em que ao sócio nem sequer foi perguntado, como competia, se concordava com uma votação por aquele processo e também aquelas em que o sócio se negou à adopção daquele método, o qual veio, não obstante, a ser adoptado.

[33] Temos em vista aquelas deliberações que, embora apresentando um

18

beração renovatória deve, para ser eficaz, observar estas exigências).

Temos restringido o objecto da renovação às deliberações nulas por vício de procedimento (ou ineficazes por falta de acta). E na verdade o instituto em referência não convém àquelas que o sejam por vício de conteúdo, (cfr., art. 56.º n.º 1 al. *d*)), como bem intuiu o legislador. É que nestes casos, para que a nova deliberação se apresente imune de vício e possa assim satisfazer as necessidades da sociedade, é necessário que apresente o seu conteúdo modificado, por forma a não repetir o vício da anterior, evitando a ofensa pelo conteúdo de preceitos legais que não possam ser derrogados nem sequer por vontade unânime dos sócios[34]. Só que, regra geral, essa alteração de conteúdo

---

processo formativo válido, todavia se não encontram devidamente documentadas por acta. Tais deliberações são, genericamente, ineficazes por a não produção dos efeitos estar sustada por um obstáculo que lhes não é intrinsecamente atinente. (Assim, V. G. LOBO XAVIER, *Invalidade e ineficácia das deliberações sociais no Projecto de Código das Sociedades*, R.L.J., ano 118, p. 139 e *Alteração do pacto social de sociedades por quotas não reduzida a escritura pública*, R.L.J., ano 117, p. 314, nota 31. Este autor ressalvou porém, para o direito anterior, a nulidade de deliberações que não estivessem documentadas pela acta notarial nalguns casos prescrita: cfr., por exemplo, os arts. 41.º § 2.º e 42.º § 1.º da Lei das Sociedades por Quotas. O novo Código, no seu art. 63.º n.º 5, prescreve tal tipo de acta quando a lei o determine. Mas, muito curiosamente, tal exigência não se encontra formulada expressamente, que víssemos, em qualquer ponto do articulado: o Código pressupõe em determinados casos a documentação das deliberações pelo notário, mas apenas para dispensar então a formalidade da escritura pública; cfr. art. 85.º, n.º 3, aplicável à fusão, cisão, dissolução, contrato de subordinação, etc.. Sobre toda esta matéria, já também ALBINO MATOS, *A documentação das deliberações sociais no Projecto de Código das Sociedades*, sep. da *Revista do Notariado*, 1985, p. 50 e ss., e 73 e ss.).

Ora, a renovação reveste-se seguramente de interesse acrescido nestes casos de deliberações de que se não lavrou acta para quem, apoiando-se num princípio rígido de contextualidade da acta, entender que a ineficácia da deliberação é definitiva não havendo outro remédio senão a repetição do processo deliberativo: assim, ALBINO MATOS, *op. cit.*, p. 62 e ss. e p. 75.

[34] Cfr. neste sentido, V. G. LOBO XAVIER, *op. cit.*, p. 447, nota 106; FERRI, *op. cit.*, p. 487; VAZ SERRA, *R.L.J.*, ano 105, anotação ao acórdão S.T.J., de 16-11-71, p. 303.

exigida ultrapassará os limites dentro dos quais é possível falar, com segurança, de renovação. Se a deliberação posterior desfigura em termos essenciais a anterior nula, estaremos já no campo da substituição sem renovação [35].

Estabelece por seu turno o n.º 2 do art. 62.º a possibilidade de renovação de deliberações anuláveis. Nos termos amplos com que a disposição aparece redigida pareceria que toda e qualquer deliberação anulada seria renovável e que então «a anulabilidade (da deliberação precedente) cessaria» (cfr. texto da norma). Mas não é assim. Para que se possa falar de uma renovação regular de deliberação anulável será necessário que a deliberação não enferme do vício da antecedente, sendo também necessário que o seu conteúdo coincida no essencial com o conteúdo da antecedente. Similarmente ao que se passa no domínio da renovação das deliberações nulas por vício de conteúdo, quando foi o conteúdo da deliberação antecedente que determinou a anulabilidade, é necessário que a deliberação renovatória evite a ofensa das regras que geram a anulabilidade. Mas quando a alteração do conteúdo ultrapassa certos limites, já não estaremos diante de uma verdadeira e própria renovação [36]. O objecto

---

[35] Para as deliberações nulas pelo conteúdo abre-se assim, e em geral, a via da substituição, a qual, já o dissemos, tem um regime bem próximo do da renovação.

[36] Se antes (cfr. nota 20) pusemos em destaque certas vantagens da confirmação de deliberações anuláveis mediante acto deliberativo sobre a renovação, é agora altura de dizer que a renovação leva a palma à confirmação nos casos em que se pode validamente renovar uma deliberação anulável por vício de conteúdo. Com efeito, de acordo com o carácter de negócio meramente integrativo que é próprio da confirmação, no respeito da sua configuração como negócio sobre negócio, nunca poderão os sócios mediante a utilização desse instituto modificar o conteúdo da deliberação antecedente anulável. Ora essa modificação é necessária pois que admitir nestes casos uma sanação por confirmação sem modificação do conteúdo implicaria que ficasse vedada aos sócios toda a espécie de reacção contra uma deliberação que, (não sendo nula), ofendesse disposições legais e estatutárias (cfr. neste sentido, V. G. Lobo Xavier, *op. cit.*, p. 455, nota 106). Forçoso é que se entenda que o vício da deliberação confirmada contagia neste caso a própria deliberação

20

de eleição da renovação de deliberações anuláveis, é constituído por aquelas deliberações cujo vício diga respeito ao procedimento deliberativo.

Chame-se finalmente a atenção de que o legislador, ao regular a «renovação da deliberação» social, parece ter querido referir-se apenas às deliberações dos órgãos incumbidos de formar ou expressar a vontade da corporação. Por um lado, a referência singela à deliberação (cfr. art. 62.º n.º 2) tem comummente esse sentido. Por outro lado, o n.º 1 do art. 62.º refere-se apenas à renovação de deliberações nulas por força do art. 56.º n.º 1 al. *a)* e *b)* que são actos deliberativos no sentido comum apontado. Um terceiro apoio fornece-o a ideia expressa pelo texto (art. 62.º n.º 2) de que a renovação há-de provir dos sócios, ou seja dos membros do órgão deliberativo.

É óbvio porém que também os outros órgãos sociais podem desenvolver uma actividade deliberativa. Por exemplo, esta é em regra indispensável na actuação dos órgãos colegiais de administração das sociedades, embora estes sejam órgãos tipicamente executivos[37]. As deliberações do órgão administrador ou do órgão fiscalizador poderão naturalmente ser renovadas e, até onde a analogia das situações o justifique, o art. 62.º deve ser-lhes aplicável.

4. A competência para a renovação

É costume insistir-se em que requisito da renovação é que o novo acto seja concluído por quem praticou o acto antece-

confirmatória. Em conclusão: a confirmação mediante deliberação só convém às deliberações viciadas no procedimento. (Na literatura alemã, com referências, HÜFFER in *Aktiengesetz Kommentar*, Munique, 1973, anotação § 244, p. 122 a 124).

[37] Cfr. FERRER CORREIA, *Lições de Direito Comercial*, Coimbra, 1968, vol. II, p. 320.

dente [38]. Aplicando a ideia, pode dizer-se que competência para renovar uma deliberação a tem o órgão social que tomou a primeira deliberação. É este o órgão que há-de proceder à renovação. Mas deve aqui dizer-se que esse órgão não poderá renovar validamente uma deliberação anterior sempre que esta se mostre viciada por ter sido tomada por aquele órgão em violação das regras, legais ou estatutárias, de distribuição da competência entre os diversos órgãos sociais. Neste caso uma deliberação com o mesmo conteúdo terá, para ser eficaz, que ser oriunda do órgão competente [39].

5. A forma da renovação [40]

Como se teve oportunidade de acentuar de diversas maneiras, uma deliberação renovatória é um modo (convencional) de refazer uma anterior deliberação (normalmente inválida), que é, por essa via, substituída.

Para nos acharmos em presença de uma dessas deliberações é pois mister que, desde logo, o conteúdo desse acto renova-

---

[38] Cfr. por todos, IRTI, *op. cit.*, p. 25 e 135 e ss..

[39] Para o direito italiano, que opera como sabemos com a figura da substituição (cfr. art. 2377.º, último apartado do *Codice Civile*), escreve ROMANO-PAVONI, (*op. cit.*, p. 343): «Não me parece exacto... que a deliberação da assembleia deva ser *em qualquer caso* substituída por outra deliberação da assembleia: quando de facto tenha sido violada a competência interna entre assembleia e órgão administrativo, a deliberação viciada deve ser substituída evidentemente por uma deliberação do órgão administrativo». Só que então, de harmonia com a opinião mais comum, parece preferível não se falar de renovação.

Poder-se-á encontrar algum apoio juspositivo para esta posição no facto de o legislador parecer ter querido excluir a renovação das deliberações nulas por força do art. 56.º n.º 1 al. *c*). A despeito do teor algo obscuro deste preceito, tem-se aventado poder ele cobrir as hipóteses de deliberações não compreendidas nas atribuições dos órgãos que as tomaram. (Cfr. V. G. LOBO XAVIER, *Invalidade e ineficácia*, cit., p. 139-140).

[40] Não é nosso propósito procedermos a uma análise detalhada do ponto. Trata-se apenas de pôr em destaque algumas considerações sobre o modo como pode aparecer exteriorizada uma deliberação renovatória.

tório coincida no essencial com o conteúdo da deliberação renovada. Não é evidentemente necessário que a nova deliberação reproduza fielmente o teor (essencial) da antecedente. Imprescindível é apenas que o seu conteúdo, devidamente interpretado, se mostre semelhante ao da anterior [41]. Pode até ser que ele só seja apurável *per relationem* como quando a deliberação renovatória remete simplesmente para a antecedente [42].

Mesmo quando se nos deparam duas deliberações sucessivas com similar ou idêntico conteúdo, isso não é suficiente para estarmos diante de uma renovação. Será ademais de exigir que a nova deliberação apareça como destinada a substituir a antecedente e que esse fim substitutivo se deduza ou do teor do novo acto ou do procedimento deliberativo [43] que a ele conduziu. Comporta normalmente o significado de substituição a indicação do vício da deliberação antecedente [44].

---

[41] Sobre a questão da interpretação das deliberações sociais, cfr. V. G. LOBO XAVIER, *op. cit.*, p. 553 e ss..

[42] Não se trata ainda aqui de chamar através do novo acto a deliberação antecedente à produção de efeitos próprios. A relevância jurídica passa a tê-la apenas a nova deliberação e é só para a sua exacta determinação que se indaga do conteúdo do antecedente.

[43] Sobre os termos em que o procedimento deliberativo (v. g., discussões e esclarecimentos prestados na assembleia) pode constituir material interpretativo a ter em conta a respeito de uma dada deliberação, cfr. V. G. LOBO XAVIER, *op. cit.*, p. 559 e ss..

[44] Das afirmações que antecedem ressalta ainda uma conclusão. É ela a de que existe um nexo entre acto renovatório e acto renovado. Em certo sentido, esse nexo não tem natureza jurídica pois que os efeitos do acto renovatório são de imputar em exclusivo a esse mesmo acto. Mas ele afirma-se, de qualquer modo, e é mesmo postulado pela significação da palavra «renovação», a qual implica a referência do *quid* renovatório a um outro *quid*, o renovado. A ligação entre o acto precedente e o sucedente manifesta-se na identidade ou essencial semelhança de conteúdo e na identidade dos sujeitos que os praticaram. Para a repetição do negócio jurídico em geral escreve Irti: «Ela não consiste no casual suceder-se de negócios idênticos entre as mesmas partes. Ela exige uma referência da memória ao primeiro negócio e assim a intenção de reiterar o seu significado». (*op. cit.*, p. 32). Implicitamente neste sentido aqueles que, no domínio do negócio jurídico em geral, admitem a renovação dos negócios

Importa perguntar agora se uma deliberação renovatória com o seu conteúdo típico se pode manifestar tacita ou indirectamente. A dilucidação da questão supõe, já se vê, a resolução do problema da admissibilidade das deliberações tácitas ou implícitas. Conforme a doutrina mais autorizada [45], não descortinamos nenhumas razões para a opinião negativa. Ponto é que o modo, lateral ou oblíquo, da expressão da vontade deliberativa, respeite ainda assim o procedimento exigido por lei para a formação das deliberações (cfr. art. 53.º n.º 1). Em geral a formação da vontade deliberativa supõe a necessidade do método colegial, ou então de deliberações unânimes por escrito (cfr. art. 54.º n.º 1). Quer dizer, os *facta concludentia* de uma deliberação tácita ou implícita devem ser constituídos por deliberações expressas.

Concretamente, põe-se a questão das deliberações renovatórias implícitas a propósito das hipóteses em que se tomou uma deliberação que seria nula quando não precedida de uma outra com certo conteúdo, e em que esta teve efectivamente lugar, mas se apresenta inválida. E pergunta-se se a deliberação aprovada por último implica, e em que termos, a renovação da anterior. Seja o caso de uma deliberação de aumento de capital, inválida, à qual se segue outra que procede a novo aumento tomando por base o capital social deliberado pela antecedente; delibera-se invalidamente o aumento do capital de 100 para 500 e posteriormente de 500 para 1000. A segunda deliberação é facto concludente da renovação da primeira?

---

nulos, quando as partes tenham «o conhecimento da nulidade ou dúvidas quanto à validade do negócio» (cfr., por todos, MOTA PINTO, *op. cit.*, p. 598). No domínio que nos interessa de momento, o da renovação de deliberações sociais, haverá que precisar que a referência «psíquica» à deliberação anterior se encontra apenas nos membros do colégio deliberativo e se manifesta objectivamente na «intenção» ou função substitutiva da nova deliberação relativamente à anterior.

[45] Cfr. V. G. LOBO XAVIER, *op. cit.*, p. 465 e ss.; LINA GRISENTI, *op. cit.*, p. 598 e ss..

24

Cremos que a solução depende do circunstancialismo do caso concreto. Mas desde logo se pode dizer que não basta a ocorrência de uma situação como a descrita para que se veja na última deliberação um facto concludente que evidencia uma deliberação renovatória implícita. «Não é impossível, escreve V. G. Lobo Xavier, que os próprios votantes ou alguns deles tenham até desconhecido a conexão entre a deliberação que aprovaram e a deliberação anteriormente tomada». «Depois, ..., o certo é que a conexão aludida não se reflecte forçosamente no teor da deliberação aprovada por último ou em qualquer outro elemento do processo deliberativo acessível a todos os sócios (maxime na discussão documentada pela acta)»[46]. Tudo isto a forçar a conclusão de que só outros e especiais elementos autorizarão a ver uma deliberação renovatória implícita em situações como as descritas[47].

---

[46] V. G. Lobo Xavier, *op. cit.*, p. 477 e 478, com adução de outras razões justificativas para hipóteses em que a deliberação cuja renovação implícita se discute é meramente anulável.

[47] Seria interessante saber se a indagação acerca da idoneidade de uma certa deliberação expressa para evidenciar uma outra tácita é uma actividade genuinamente interpretativa ou se, pelo contrário, a afirmação de que um comportamento é concludente não é, em geral, objecto de interpretação mas sim objecto de juízo. A questão, que obrigaria a desenvolvimentos, não vai mais do que enunciada. Aliás resta apurar se a pergunta, tal como é feita, é legítima, pois em que medida se não poderá dizer que a interpretação não vem nestes casos a reconduzir-se ao estabelecimento de concludências ou, por outra via, que estas só são apuráveis por interpretação? Por isso mesmo, parece-nos (com V. G. Lobo Xavier, *op. cit.*, p. 473 nota 120) que «o mesmo ponto de vista que se adoptar em matéria de interpretação deverá utilizar-se para ajuizar da concludência de determinado comportamento».

6. Os efeitos da renovação

6.1. *Preliminares*

Para que uma deliberação renovatória produza os efeitos que lhe correspondem e possa assim impedir as consequências incómodas que uma deliberação anterior viciada ocasiona à sociedade, torna-se necessário que ela própria se apresente válida. Por essa razão excluímos do âmbito do nosso trabalho todas aquelas deliberações que substituissem outras enfermas de vícios de conteúdo, em termos tais que a modificação de conteúdo nelas introduzida fosse de tal forma marcante que já não fizesse sentido falarmos de uma autêntica renovação [48].

O instituto tem pois interesse apenas para as restantes hipóteses, dentro das quais avultam os casos em que a deliberação primeiramente tomada patenteia um vício no processo de formação. É então possível tomar nova deliberação que, respeitando o conteúdo da antecedente, assente simultaneamente num processo deliberativo válido. Da presença no caso concreto deste requisito depende a sua validade. Assim se uma deliberação é tomada mas se apresenta anulável por não ter sido precedida do fornecimento ao sócio de elementos mínimos de informação (cfr. art. 58.º n.º 1 al. *c*)), a deliberação renovatória, para ser válida, implicará que, desta vez, esses elementos tenham sido fornecidos; uma deliberação nula por falta de convocação da assembleia geral (cfr. art. 56.º, n.º 1 al. *a*)) só poderá ser eficazmente renovada se agora a assembleia geral tiver sido convocada.

Pressupor-se-á portanto na exposição subsequente a regularidade da renovação. No cap. 7 debruçar-nos-emos sobre as consequências da irregularidade da deliberação renovatória.

---

[48] Recorde-se o que afirmámos supra, nota 14.

6.2. O *efeito revogatório*

Já vimos que o efeito revogatório não é postulado por toda e qualquer deliberação renovatória. Ele só se verifica relativamente àquelas que vêm substituir outras por si mesmas já produtoras de efeitos. Apesar de tudo pareceu-nos oportuno começar por tratar deste particular efeito de algumas dessas deliberações renovatórias. Na verdade, no processo renovatório dessas deliberações, a revogação é, se não cronologicamente pelo menos logicamente, um *prius* relativamente à nova regulamentação de interesses posta pela deliberação renovatória.

Preliminarmente importa assinalar que o efeito revogatório pode operar *ex tunc* ou *ex nunc*. Opera *ex tunc* se com ele se eliminam os efeitos jurídicos produzidos pelo acto revogado, *ex nunc* se apenas são extintos os efeitos que esse acto era potencialmente apto a produzir *in futurum* [49]. Que fisionomia apresenta, segundo o Código, o dito efeito? Do texto do art. 62.º n.º 2 depreende-se que o legislador teve em vista a revogação *ex nunc*. Ao dizer, com efeito, que «a anulabilidade cessa quando os sócios renovam a deliberação anulável mediante outra deliberação», está igualmente a admitir a sanação da deliberação por aquele modo inválida e assim a prever a consolidação definitiva dos efeitos por aquela produzidos, embora a título precário, até à ocorrência da renovação. A deliberação renovatória de outra anulável não implica assim nenhuma revogação *ex tunc* pois que ela vai operar o convalescimento da anterior, de modo a salvaguardar os seus efeitos. Já implica a revogação *ex nunc*, uma vez que os efeitos da deliberação antecedente deixam de se poder produzir para o futuro, dando lugar aos da própria deliberação renovatória. A revogação prevista no art. 62.º n.º 2 actua portanto apenas para o futuro.

---

[49] Cfr. SALVATORE ROMANO, in *Novissimo Digesto Italiano*, v. *Revoca*.

Não obstante não seja essa a solução expressamente consignada na lei, cabe perguntar se, ao abrigo da capacidade de tomar deliberações, não podem as sociedades renovar anteriores deliberações anuláveis também para o passado, revogando assim *ex tunc* os efeitos dessas deliberações. A resposta a este problema, parece-nos, implica a consideração daqueloutro, mais vasto, da admissibilidade de deliberações retroactivas, para cuja resolução se apontarão algumas ideias quando falarmos do efeito retroactivo das deliberações renovatórias.

Há finalmente que sublinhar, e o ponto é importante, que a revogação nem sempre pode ter lugar. Ela não pode aceitar-se sempre que, com base na deliberação cujos efeitos se suprimem, tenham surgido direitos para terceiros ou direitos dos sócios enquanto terceiros ou direitos autonomizáveis da sua qualidade de sócios, os quais têm de ser respeitados [50].

6.3. *O efeito renovatório-substitutivo*

Cremos ter dito já sobre o ponto o suficiente (cfr. supra, cap. 1), para nos limitarmos a dizer que com a deliberação renovatória, entra em cena uma nova deliberação que refaz o conteúdo da antecedente, substituindo-a.

---

[50] Concordamos com V. G. Lobo Xavier quando escreve: «Nem se diga que os titulares destes direitos não ficariam aqui prejudicados, na medida em que a primeira deliberação seria revogada a fim, precisamente, de se tomar, logo após, uma outra com igual conteúdo. Pois sempre haveria a possibilidade de prejuízos, visto que nada garantiria que a deliberação renovatória não estivesse por sua vez ferida de qualquer vício formal susceptível de conduzir à sua anulação» (*op. cit.*, p. 449, nota 106). Queremos apenas acrescentar que em boa parte dos casos que se porão na prática, ainda que não forçosamente, o vício da deliberação renovatória inquinou a própria revogação, a qual também por isso se mostrará inválida. Assim, sempre que a deliberação revogatória seja tácita e evidenciada pela deliberação renovatória expressa, a não ser que o vício desta última resultasse da inobservância de um requisito que não era exigido para aquela. (E, convém recordá-lo, poucas vezes acontecerá que a revogação esteja condicionada à validade da renovação).

6.4. *O efeito retroactivo*

O efeito retroactivo não é um efeito necessário de deliberação renovatória. Já vimos como à face da nossa lei, a renovação da deliberação anulável opera unicamente para o futuro. E, genericamente, há quem afirme que a renovação só opera nesse mesmo sentido [51].

No entanto, no n.º 1 do art. 62.º do Código das Sociedades Comerciais, vê-se expressamente a possibilidade da atribuição de eficácia retroactiva, embora dentro de certos limites, à deliberação renovatória. O que quer dizer que o legislador resolveu afirmativamente a controvérsia acerca da admissibilidade da dita eficácia na renovação das deliberações.

Em boa verdade, parece-nos que o sobredito problema se enquadra numa temática mais ampla qual seja a da modificabilidade de certas situações jurídicas por deliberações retroactivas [52]. E que essa temática se prende com a da extensão dos poderes conferidos a uma assembleia, ou mais em particular, à maioria dos sócios votantes [53].

É doutrina assente quanto ao negócio jurídico em geral que as partes podem atribuir à regulamentação de interesses por elas instituída eficácia retroactiva. E que essa eficácia se produzirá entre elas, embora nunca em face de terceiros, ou seja,

---

[51] É esta a opinião de Buttaro, *Rinnovazionne di deliberazione assembleare annullabile con altre deliberazione anch'essa invalide*, in *Il Foro Italiano*, 1954, I, col. 1136, nota 36; ao que parece, de Ascarelli, in *Saggi di Diritto Commerciale*, Milão, 1955, p. 350, nota 14, e também de Pavone La Rosa *op. cit.*, p. 897 e ss..

[52] Na formulação genérica que utilizamos cabe perfeitamente a questão, atrás referida, da admissibilidade da revogação *ex tunc*.

[53] Cfr. neste sentido, Pavone La Rosa, *op. cit.*, p. 896 e ss., o qual afirma também que é a própria função que o princípio da maioria cumpre (em excepção à regra da imodificabilidade do contrato por vontade de alguma das partes) que leva à negação do poder da assembleia geral de conferir às suas deliberações eficácia retroactiva (p. 898).

daqueles que não intervieram no negócio a concordar com a retroactividade e que não podem, portanto, ser afectados por ela [54].

Similarmente, transportando estas proposições para o domínio das deliberações sociais, valerá antes do mais dizer que nunca uma deliberação social retroactiva pode ofender direitos de terceiro. Consonantemente, o art. 62.º n.º 1 ressalva os tais direitos na retroactividade das deliberações renovatórias daqueloutras que indica.

Importa esclarecer contudo o alcance da referência a «direitos» de terceiro. Entendemo-la em sentido amplo e equivalente a «posição» de terceiro [55]. Com efeito, a considerar-se a expressão utilizada pelo legislador no seu sentido técnico, a teleologia da norma obriga à sua extensão também aos casos em que, por exemplo, se impõem retroactivamente obrigações.

Terceiros são desde logo todos aqueles que, sendo estranhos à corporação, com ela encetaram relações. Mas também o são

---

[54] Exprimindo isto soi dizer-se que a retroactividade é meramente obrigacional e não real ou *contra omnes*.

Duvidoso é contudo que mesmo entre as partes o negócio valha como tendo sido celebrado na data à qual foi retroagido. Parece ser desnecessário admitir esta ficção. A vinculação das partes só opera de facto para o futuro. A estipulação da retroactividade não é senão uma maneira indirecta, mas simples e completa, de precisar uns efeitos negociais queridos como idênticos aos que hipoteticamente se teriam produzido se aquele negócio concretamente celebrado o tivesse sido em momento anterior.

No sentido de que através da retroactividade não podem as partes conseguir que o negócio renovatório seja eficaz já desde a renovação do negócio renovado, embora possam não obstante obrigar-se a outorgarem-se mutuamente o que cada uma delas teria se fosse válido desde o início, cfr. o texto do § 141 do BGB, e LARENZ, *Allgemeiner Teil des deutschen bürgerlichen Rechts*, Munique, 1983, p. 446; contra, RUI DE ALARCÃO, *op. cit.*, p. 109.

É de harmonia com este entendimento que hão-de ler-se as referências às deliberações retroactivas.

[55] Conformemente, CHIOMENTI, *La revoca della deliberazioni assembleari*, Milão, 1969, que fala do princípio da intangibilidade da esfera jurídica de outrem (p. 61).

30

os sócios enquanto titulares de posições jurídicas em face da sociedade distintas daquela posição que lhes compete enquanto sócios [56].

E quanto à posição da socialidade [57], pode ela ser retroactivamente afectada por deliberação [58]? Há obviamente nesta matéria numerosos limites impostos por lei aos poderes da assembleia [59]. Mas fora destes casos, parece ser de admitir a retroactividade. Tal decorre da orientação geral que parece fluir do art. 62.º n.º 1.

Ora, mesmo nestas situações, se a retroactividade é, em princípio, admissível, também se concede ao sócio a possibilidade de contra ela invocar um interesse atendível em que a deliberação só produza efeitos *ex nunc*. Tal solução decorre por analogia do art. 62.º n.º 2: quando uma deliberação anulável é sanada mediante deliberação renovatória posterior fica sempre franqueada ao sócio a possibilidade de, invocando o interesse atendível, obter a anulação da primeira deliberação [60]. Resumindo:

---

[56] Por exemplo, os que advêm para os sócios enquanto contratantes com a sociedade ou enquanto credores dos dividendos já definitivamente aprovados em assembleia geral.

[57] Descrevemos a socialidade como posição ou como *status* e não como feixe de direitos. Cfr., para uma justificação, os argumentos que colhemos em V. G. LOBO XAVIER, *op. cit.*, p. 176, nota 76 a.

[58] Pensemos numa deliberação que, retroactivamente, exclui um membro da corporação.

[59] Por exemplo, uma assembleia geral não pode retirar ao sócio o direito de impugnar deliberações contrárias à lei ou ao pacto. Se o faz, infringe uma norma imperativa com a consequência da nulidade. O problema de saber se nos deparamos aqui com a violação de um direito do sócio ou de uma posição activa reflexamente protegida através das disposições que limitam os poderes do órgão colegial é debatido por V. G. LOBO XAVIER, *op. cit.*, p. 176, nota 76 a, onde se critica a terminologia «direitos inderrogáveis» e «direitos irrenunciáveis».

[60] Falamos de «obter a anulação da primeira deliberação» *tout court*. Pois que a deliberação renovatória a substitui daí para a frente. A esta luz, não compreendemos a parte final do preceito em causa quando fala da anulação da deliberação, «relativamente ao período anterior à deliberação renovatória». Pareceria que a deliberação primeiramente tomada se mantinha

mesmo no círculo de hipóteses em que a uma deliberação se pode atribuir validamente eficácia retroactiva, pode o sócio que mostre um interesse atendível obstar a que essa eficácia se produza [61].

Ao cabo de uma análise tão perfunctória como a que antecede [62], assinale-se agora a coerência fundamental das conclusões a que chegamos no domínio das deliberações retroactivas relativamente à solução do problema no plano do negócio jurídico em geral: aqui a retroactividade não é oponível a quem não consinta nela, acolá, estando em causa posições de terceiros ou equiparadas, a solução vale; já quando aparecem posições de socialidade necessitar-se-á, mas bastará, para tornar a retroactividade inoponível, a invocação de um interesse legítimo [63].

Concluindo: o art. 62.º n.º 1 tem o alcance de permitir a renovação retroactiva de deliberações nulas por força das al. *a)* e *b)* do n.º 1 do art. 56.º. A sua doutrina deve contudo estender-se a todas as deliberações renovatórias. Não é de admitir a retroactividade quando ela implica a ofensa da posição de terceiros ou de sócios enquanto terceiros. Nos casos de ofensa de direitos

---

de pé, mesmo depois de ocorrida a renovação, o que contradiz o já referido efeito substitutivo desta. Manifestamente, o legislador contradisse-se, o que deve levar a considerar a parte do preceito apontada como não escrita. Ao ponto voltaremos mais tarde.

[61] Parece-nos adequado exigir que, para fazer valer esse direito seja pressuposto que o sócio não tenha votado favoravelmente a eficácia retroactiva nem a tenha posteriormente aprovado, expressa ou tácitamente. Trata-se de um corolário da proibição do *venire contra factum proprium*.

[62] E por isso temerária, mas estes problemas só de passagem pertencem ao objecto de estudo proposto. Daí também o não termos tomado posição sobre a legitimidade e adequação dos princípios reguladores da aplicação da lei no tempo para balizarem a eficácia retroactiva das deliberações, conforme foi aventado por Pinto Furtado, *Código Comercial Anotado*, vol. II, tomo II, p. 586 e Zöllner, *op. cit.*, p. 138, nota 11.

[63] Não desconhecemos a extraordinaria dificuldade de precisar, ao menos relativamente a certas hipóteses, este conceito.

sociais dos sócios, o sócio que apresente interesse legítimo pode sempre impedir a retroactividade [64] [65].

Atentemos, por último, em saber se a eficácia retroactiva da renovação, quando possível, se presume. O § 141 do BGB estabelece que sim quanto à renovação do negócio jurídico em geral. O Código diz apenas que «pode ser atribuída eficácia retroactiva» à deliberação (art. 62.º n.º 1). O problema é assim de mera interpretação, a qual há-de sempre respeitar os cânones válidos em matéria de deliberações, designadamente quanto à utilização de elementos estranhos ao teor daquelas como elementos interpretativos.

Estamos agora em condições de responder à questão levantada no final do ponto 6.2. e que era a de saber se não podiam, e em que termos, as sociedades renovar anteriores deliberações anuláveis (ou, acrescente-se, perfeitamente válidas), também para o passado, revogando assim essas deliberações desde o início. Elas podê-lo-ão fazer desde que a deliberação revogatória retroactiva respeite os limites traçados acima à eficácia retroactiva das deliberações.

---

[64] Vimos, afinal de contas, a aproximar-nos daqueles que encaram cepticamente a possibilidade da retroactividade nesta matéria, e, de um ponto de vista prático, pouco acaba por distinguir-nos.

[65] No nosso modo de ver, boa parte dos limites que se podem traçar à eficácia retroactiva das deliberações sociais decorrem já dos limites que em geral se assinalam às deliberações sociais quando estão em causa direitos de terceiros, e direitos de sócios como terceiros ou preceitos imperativos que não podem ser violados por deliberação. Nessa medida, o problema da retroactividade não terá autonomia. Próximo deste modo de encarar as coisas estará CHIOMENTI quando escreve: «O princípio do respeito dos direitos de terceiro não se presta pois a justificar a não-retroactividade do acto de autonomia privada: (...) os direitos de terceiros devem ser respeitados seja para o passado, seja para o presente, seja para o futuro», (op. cit., p. 61).

6.5. O efeito sanatório

Dissemos no princípio que a renovação de deliberações sociais era um instituto que permitia à sociedade alijar de si os inconvenientes da invalidade de uma anterior deliberação ou então da dúvida a esse respeito eventualmente existente.

Em boa parte das hipóteses em que se intenta uma acção com fundamento em vício da deliberação, a sua válida renovação obstará a que a acção venha a bom termo por falta do interesse em agir. Assim acontece na renovação de deliberações nulas. O ponto desenvolveremos depois.

Já quando estão em causa deliberações anuláveis, estabelece o Código que a respectiva «anulabilidade cessa» quando os sócios as renovam regularmente (art. 62.º, n.º 2). É sobre esta norma que nos vamos agora debruçar. Começamos por salientar que a lei confere literalmente um efeito sanatório às deliberações apontadas: a anulabilidade de que a deliberação precedente padecia até à renovação termina com a ocorrência desta; os efeitos produzidos ainda que a título precário pela deliberação antecedente consolidam-se com o surgir da posterior. Temos assim que o legislador português concebeu a renovação de deliberações anuláveis como uma verdadeira *renovação sanante* [66] [67]. A renovação

---

[66] Pode dizer-se que este entendimento do modo de operar da renovação é ainda corroborado pela 2.ª parte do n.º 2 do art. 62.º. Com efeito, aí pressupõe-se que, ocorrida a renovação da deliberação, e não obstante se conceda ao sócio que nisso tiver um interesse legítimo a possibilidade de obter a anulação da primeira deliberação relativamente ao período anterior à deliberação renovatória, a primeira se manterá, já convalescida, para o futuro.

Já dissemos (nota 60, supra), que só um lapso do legislador explica a parte final do preceito indicado. Mas isto não impede que não a utilizemos como elemento interpretativo destinado a fixar o verdadeiro alcance da expressão «a anulabilidade cessa».

[67] No direito transalpino, vendo no art. 2377.º uma renovação sanante, PAVONE LA ROSA, *op. cit.*, p. 855 e ss.. (Quanto a nós, a posição presta-se a dúvidas, porque, ao contrário do que acontece em Portugal, não tem

foi erigida pelo Código a modo de convalescimento de deliberações anuláveis, a acrescer a outros como o decurso do prazo de anulação ou a confirmação ou a renúncia ao direito de anulação por parte de todos aqueles a quem cabia o direito de impugnação. Ela vem concebida como facto subrogatório do requisito cuja falta determinou a anulabilidade da primeira deliberação. Não fora o Código estabelecer isso expressamente, não teria a renovação de deliberações anuláveis qualquer efeito sanatório.

O efeito que temos vindo a descrever causa indiscutivelmente estranheza. Pois não é ensinamento corrente que só a confirmação, e não a renovação, possui a virtude de «sarar» um anterior acto jurídico ferido de anulabilidade? Donde a pergunta: não estaremos nós no fundo diante duma confirmação?

A favor da tese que vê no art. 62.º n.º 2 uma confirmação mediante acto corporativo aduzir-se-ão três argumentos: o primeiro referirá que a renovação não é concebida (concebível?) como meio sanatório; o segundo relevará, apoiado no primeiro, que a admissão de uma renovação sanante se traduz numa novidade que, além das dificuldades explicativas que suscita, quebra a «estética» do sistema, ao diluir as diferenças, tradicionalmente

---

apoio legal indiscutível). Mas expressamente contra LINA GRISENTI, *op. cit.*, p. 601.

Exige ainda aquele autor, para que o efeito sanatório se verifique, que a «vontade» do sujeito da deliberação seja nesse sentido. Pois que se da interpretação da deliberação resultasse que com ela só se queria prover à disciplina das relações jurídicas futuras, nenhuma razão haveria para que a nova deliberação inferisse para o passado.

A linha de pensamento que subjaz a estas considerações parece acertada. O efeito sanatório não é pois um efeito necessário, e não se verificará sempre que os sócios, ao renovarem a deliberação anulável, tenham instituído uma regulamentação incompatível com o regime (supletivo) do Código quanto ao ponto.

Cumpre observar também que a presença do efeito sanatório não nos autoriza a ver na renovação da deliberação anulável um acto integrativo ou de segundo grau, um negócio sobre negócio como o é a confirmação. Com efeito, a deliberação renovatória reitera *ela própria* a regulamentação ou comando contidos na deliberação antecedente (a qual é por essa via sanada).

vistas com tanta nitidez, entre renovação e confirmação; o terceiro consistirá em afirmar que a parte final do art. 62.º n.º 2 é conclusiva no sentido da confirmação, ao levar pressuposto que a deliberação sanada continua a vigorar depois de ocorrido o evento sanatório, o qual não pode portanto ser outro que a confirmação.

Que pensar da posição e dos argumentos? Antes do mais há que dizer que ela tem inegavelmente os seus méritos e, do ponto de vista prático, nenhum mal adviria se a perfilhássemos dada a recíproca fungibilidade (ao menos no essencial) da confirmação e da renovação sanante no que toca ao desempenho da função de resposta aos problemas, já enunciados no início deste estudo, com que as sociedades às vezes se deparam. Por isso, (e apesar da intranscendência prática da questão), a cautela e as reservas com que, advertimo-lo, defendemos a posição contrária.

A nosso favor desde logo, o teor literal do texto: o art. 62.º n.º 2 fala de facto de renovação. Depois, o contexto da norma: ela aparece integrada num artigo que tem por epígrafe a expressão «Renovação da deliberação», conjuntamente com outra norma, a do n.º 1 que, essa inquestionavelmente, se refere a uma renovação. Ainda, as fontes da lei e os trabalhos preparatórios: não desconheceu o legislador o importante contributo que o Prof. V. G. Lobo Xavier prestou para o estudo, entre nós, da renovação de deliberações [68]; e o Anteprojecto de Coimbra, no seu art. 115.º, n.º 2, fonte directa do preceito em causa consagra a renovação, o que é reafirmado nas notas explicativas ao artigo indicado.

Em todo o caso, que valor atribuir ao conceito «renovação» conscientemente empregue pelo legislador? A nosso ver a elaboração doutrinal sobre o material normativo nunca é aprisionável pela vontade do legislador. Mas se isso é assim, se este nunca pode impor uma certa «visão das coisas», permanece que a cons-

---

[68] *Op. cit.*, p. 447 e ss., nota 106.

36

trução teórica tem um espaço de manobra que lhe é balizado pelo legislador. Ou seja, não pode descurar, antes tem de ter por base, as soluções efectivamente instituídas por aquele. Ora é bom de ver que quando o legislador utiliza um conceito (o de renovação, no caso) que é produto do pensamento jurídico--científico, um conceito que tem recorte e conteúdo dogmáticos precisos, serve-se dele porque quer descrever um dado conjunto de consequências jurídicas, porque quer instituir um dado complexo da regulamentação, justamente aqueles que são apontados como característicos do instituto crismado com o conceito que utilizou [69]. Fugir disto é, inaceitavelmente, recusar a «mediação» específica da linguagem dogmático-jurídica na técnica legislativa. Assim, o mecanismo jurídico efectivamente «posto» pelo legislador é o da renovação. Ele delimitará o campo de movimentação das construções e será simultaneamente a instância primordial de controlo da validade destas.

A reforçar as nossas conclusões estão as regras de interpretação contidas no nosso Código Civil. Nos termos do art. 9.º, n.º 3, com efeito, o intérprete presumirá que o legislador «soube exprimir o seu pensamento em termos adequados» (e que quis, assim, consagrar o mecanismo da renovação). E presumirá ainda que ele consagrou as soluções mais acertadas. Nada depondo contra o acerto da opção pela renovação, presumimos que foi essa mesma que o legislador quis consagrar. E é evidente que as puras concepções «estéticas» não relevam.

Só por equívoco, pois, o legislador pressupôs que a deliberação sanada continuava a vigorar depois da sanação, já que

---

[69] Devemos esclarecer que, no nosso entender, a utilização de conceitos técnico-jurídicos não implica uma remissão integral para os complexos de regulamentação que a eles, na sua «pureza», correspondem. É que os mecanismos jurídicos correspondentes a esses conceitos sofrem sempre a deformação do «lugar» em que são chamados a servir. Neste sentido, K. LARENZ, *Metodologia da Ciência do Direito*, Lisboa, 1978, p. 512-515.

após a renovação, repetimo-lo, é a última deliberação a única que determinará consequências jurídicas para o futuro. Ou seja, a contradição ínsita no art. 62.º, n.º 2 terá de ser resolvida mediante o sacrifício da parte final dessa norma: por interpretação (ab-rogante) não conferimos relevância alguma a essa parte da norma.

Finalmente cumpre dizer que a «heterodoxia» que vai na aceitação de uma renovação com eficácia sanatória é mais aparente que real. A corroborá-lo está a negação por certos autores do carácter de negócio integrativo ou de segundo grau à confirmação e a consideração desta como reiteração de uma declaração negocial anulável e anteriormente emitida [70]. Se não acompanhamos quem, assim, não veja na confirmação um negócio sobre negócio, registamos contudo que não é de modo algum inconcebível à partida que, renovada regularmente uma declaração negocial anulável, possa o ordenamento jurídico considerar sanada a primeira [71]. Pois não vai normalmente implícita na segunda um voto de concordância com a primeira? Se à deliberação tomada com o intuito de aprovar a deliberação anterior (anulável) se pode atribuir o efeito sanatório, porque não atribuí-lo também à deliberação que renova a anterior anulável para evitar os inconvenientes da anulação desta?

---

[70] Esta asserção basea-mo-la no que nos foi dado ouvir sobre o tema «Confirmação das deliberações», apresentado pelo nosso colega de mestrado Dr. Cassiano dos Santos. Infelizmente, não tivemos acesso ao texto correspondente, já que é manifesto que o ponto carece de aturada reflexão.

[71] É o que acontece entre nós.

No sentido do texto, a ideia de Pinto Furtado, conquanto porventura sem a plena consciência dos termos do problema: «Afigura-se-nos perfeitamente admissível que a segunda deliberação possa ser tomada com intuito convalidador...», (op. cit., p. 587). Veja-se também, concordantemente, e para o direito italiano, Pavone La Rosa, op. cit., 865 e ss., passim e Romano-Pavoni, op. cit., p. 341 e ss., embora não possamos acompanhar todas as afirmações daqueles autores.

Expressa e explicada a nossa escolha, vem agora a questão de saber se a sanação do vício pela via indicada opera *ex tunc* (isto é, retroactivamente desde o exacto momento em que a deliberação precedente foi tomada) ou *ex nunc*. Pareceria que é esta última a solução da lei. Antes do mais um argumento pouco concludente extraído do elemento semântico: se «a anulabilidade cessa», é porque ela, existindo até ao momento da renovação, deixa de existir a partir da sua ocorrência [72]. Decisivo pareceria no entanto o que o art. 62.º, n.º 2 dispõe também: que o sócio que nisso tiver interesse atendível pode obter a anulação da primeira deliberação, (relativamente ao período anterior à deliberação renovatória, diz o preceito). Quer dizer: no lapso de tempo que medeia entre ambas as deliberações, a primeira seria sempre anulável.

Ocorre, agora que indicamos a solução que *prima facie* resulta do texto da norma, apontar as graves dificuldades de construção que ela levanta. Que préstimo teria a sanação *ex nunc* se o evento que a provocou, a deliberação renovatória, é a partir daí a única fonte da regulamentação dos interesses sociais? Parafraseando Carnelutti, bem poderíamos lamentar a tragédia da deliberação sanada, «que morre no mesmo instante em que vê a luz do dia» (leia-se «em que é curada») [73]. Era afinal uma sanação *in articulo mortis*. Tanto basta para que se busque outro caminho.

E com efeito: considere-se que o argumento literal não depõe com suficiente firmeza contra a sanação *ex tunc* e admita-se esta, desaparece a dificuldade apontada. Até ao momento em que a nova deliberação (sanante) é tomada, os efeitos da anterior

---

[72] Afirmamos o escasso valor do argumento, porquanto ele não impede o entendimento de que a anulabilidade cessa desde o início.

[73] A imagem foi utilizada noutro contexto, o da controvérsia acerca da natureza jurídica das obrigações naturais. Cfr. A. VARELA, *Direito das Obrigações*, Coimbra, 1973, p. 593.

têm-se por definitivamente convalescidos. Daí para a frente, é à nova deliberação, que revogando *ex nunc* a anterior, se têm de imputar em exclusivo os efeitos jurídicos. Mas como explicar então a possibilidade de anulação da primeira deliberação pelo sócio que nisso tiver um interesse atendível? Cremos que não é necessário dizer que a sanação não ocorre *ex tunc* para respondermos. O disposto no art. 62.º, n.º 2, 2.ª parte deve entender-se como uma espécie de contradireito ou excepção conferido ao sócio para este, se quiser, se opor à, de princípio, retroactiva sanação da deliberação. Digamos que a sanação *ex tunc* prevista prevista no Código é, em certos termos, inoponível ao sócio [74]. Bastará que este queira fazer valer o interesse legítimo de obter a anulação da primeira deliberação [75] [76].

---

[74] Dissemos sócio para respeitar os dizeres da lei. Mas a formulação é demasiado estreita. Pense-se por exemplo na destituição por deliberação anulável de um «Organträger» que não seja sócio. Renovada essa deliberação, a este é de admitir igualmente que se possa opor à sanação *ex tunc* da deliberação anterior e que seja considerado como momento da sua destituição o da tomada da deliberação posterior.

[75] Explicitando a ideia, acrescentaremos que a ineficácia relativa da sanação se não dá *ipso iure*, antes e apenas a impulso do interessado. Por outro lado, o Código parece concludente no sentido de que se requer uma invocação judicial da ineficácia, o que não pode deixar de nos suscitar críticas, tanto acerca da conveniência prática da solução, como a propósito das dificuldades de adequação ao regime que vigora para a renovação retroactiva de deliberações nulas.

Quanto ao interesse, ele exprimir-se-á as mais das vezes na necessidade de defesa de uma posição de socialidade . (Por exemplo, o sócio pode estar interessado em que a deliberação do aumento de capital social que vai alterar a proporção em que é chamado a quinhoar nos lucros só seja eficaz em relação a ele a partir do momento em que, por ter sido anulável, foi validamente renovada). Mas pode dizer também respeito à sua esfera extracorporativa. (Suponhamos que um negócio celebrado entre a sociedade e o sócio como terceiro está, pelos estatutos, sujeito a ratificação por deliberação da assembleia geral. A deliberação de ratificação é tomada mas encontra-se ferida de anulabilidade. Com base nisso, o sócio recusa-se a cumprir. A renovação da ratificação e a retroactiva sanação da anterior não envolve que se repute de ilícita a conduta anterior do sócio).

Relevando as dificuldades de precisar o que seja o interesse atendível, cfr. ZÖLLNER, *op. cit.*, p. 144 e ss..

[76] Diferentemente se passam as coisas na confirmação dos negócios jurídicos em geral. Entende-se que a sanação do vício opera *ex tunc* e mesmo

A conclusão a que chegamos encontra apoio na exigência de um «interesse atendível»: para que a deliberação renovada seja anulada tem o sócio que fazer a prova de que a anulação evita a ofensa de um direito seu ou a ocorrência de um prejuízo na sua esfera. Ora a prova desta verdadeira condição da acção não se lhe exigiria se do exercício do direito comum de anulação se tratasse. Aqui, o interesse do demandante, além de não ser condição da acção, é presumido à face apenas da ofensa da lei ou dos estatutos que tornam a deliberação anulável e tal interesse não pode ter-se por excluído pelo simples facto de à ofensa referida não estar ligado um dano ou o perigo de um dano para o sócio ou até para a sociedade [77].

---

relativamente e terceiros, quaisquer que sejam os interessse ofendidos destes (cfr. art. 288.º, n.º 4 do Código Civil); por todos, cfr. MOTA PINTO, op. cit., p. 600-601. Para a justificação do regime do Código Civil português na matéria em causa, mas admitindo que a retroactividade do acto confirmatório não exclua em certos casos que o confirmante possa ficar civilmente responsável, (e como tal, obrigado a indemnizar), em face do terceiro prejudicado por esse mesmo acto, cfr. RUI DE ALARCÃO, Efeitos da confirmação dos negócios anuláveis, no Bol. Fac. Direito de Coimbra, 1978, vol. IV, p. 77 e ss..

No direito alemão, estabelecendo igualmente a diferença de regime da confirmação do negócio jurídico (§ 144 do BGB) e da confirmação de deliberações anuláveis no que toca à eficácia relativamente a terceiros, cfr. ZÖLLNER, op. cit., p. 138-139. Acabando este autor no fundo por concluir, e com inteira razão, que a confirmação do direito civil se não deixou transplantar incólume para o direito das deliberações sociais. Afinal de contas, quem quisesse ver no art. 62.º n.º 2 do Código das Sociedades Comerciais uma confirmação, teria igualmente de admitir a singularidade desse instituto no campo das deliberações sociais.

[77] Sobre o interesse na acção de anulação de deliberação social, cfr., no sentido exposto, V. G. LOBO XAVIER, op. cit., p. 287 e ss., nota 38 e p. 447 e ss., nota 106.

41

6.6. *O efeito da deliberação renovatória sobre as acções declarativas de nulidade ou de anulação já instauradas.*

Normalmente uma deliberação renovatória é tomada com o fito de remover um vício ou os inconvenientes derivados de um vício padecido por uma deliberação anterior. Interessa pois ver de que modo influi a renovação válida sobre as acções pendentes instauradas contra a deliberação anterior.

Temos que distinguir consoante o vício que atinge a deliberação precedente provoca a nulidade ou a anulabilidade desta. Comecemos pelo primeiro grupo de casos. A nulidade de uma deliberação pode ser invocada a qualquer tempo por qualquer interessado e mesmo sem necessidade de sentença judicial prévia (cfr. art. 286.º do Código Civil). Daqui decorre como consequência a insanabilidade da nulidade [78]. Dir-se-ia portanto que nenhuma repercussão teria a deliberação renovatória sobre a acção em que se pede seja declarada a nulidade da deliberação antecedente. Não obstante, se substantivamente o interessado tem sempre o direito de invocar a nulidade, bem pode acontecer que, no plano adjectivo, lhe venha a faltar o interesse de agir quando posteriormente à propositura da acção, uma deliberação renovatória válida venha a ser tomada. Sucederá normalmente que, renovada a deliberação nula, desapareça a carência de tutela judiciária que levou a intentar a acção. A falta superveniente deste pressuposto processual determinará a inutilidade superveniente da lide prevista no art. 287.º, al *e*) do Código de Processo Civil, a qual conduz à extinção da instância [79]. (Atente-se como

---

[78] Pondo em relevo que a nulidade de um negócio não é «ontologicamente» insanável e que a insanabilidade repousa antes numa decisão positiva do legislador, cfr. LARENZ, *Allgemeiner Teil*, cit., p. 446 (em concordância com FLUME, *Das Rechtsgeschäft*, Berlim, 1979).

[79] Esclarece V. G. LOBO XAVIER, (*op. cit.*, p. 459, nota 106) que o facto de, posteriormente à acção, ter sido validamente renovada a deliberação, é atendível

a renovação remove por esta via as perturbações causadas pela tomada de uma deliberação nula).

Diferentemente se passam as coisas quando a deliberação atacada é meramente anulável. Com a deliberação renovatória opera-se desta vez o convalescimento *ex tunc* da anterior viciada. Pelo que à procedência da acção de anulação faz agora obstáculo uma modificação entretanto surgida na situação jurídica substantiva: a sanação da anulabilidade. Ela acarreta a superveniente extinção do direito de anulação do autor. Por isso, tornados definitivos os efeitos produzidos pela deliberação anulável, deve a acção ser julgada improcedente [80] [81].

Já dissemos todavia, que nos casos de sanação pode o sócio que com ela tiver em conflito um interesse atendível requerer a anulação da deliberação precedente [82]. Pergunta-se agora como

---

até ao limite temporal previsto no art. 663.º n.º 1 do Código do Processo Civil, o encerramento da discussão, embora a «hipótese não se encontre, em rigor, abrangida pelo teor literal deste preceito», o qual respeita apenas à modificação substantiva da relação jurídica controvertida.

[80] V. G. LOBO XAVIER, pronunciou-se no sentido de que a renovação regular de deliberações anuláveis acarretava a sucessiva extinção do interesse processual na acção de anulação instaurada (*op. cit.*, p. 459, nota 106). Esta opinião é indiscutivelmente correcta, à face da formulação genérica do problema, quando não há textos legais que imponham conclusão diferente. Acontece porém que, agora, o novo Código prevê expressamente a sanação da anulabilidade através da renovação. (A posição do Prof. LOBO XAVIER valerá para quem admita, ao lado da renovação de deliberações anuláveis nos moldes da nova lei e ao abrigo da capacidade jurídica das sociedades comerciais, uma renovação sem sanação de deliberação anulável).

Quanto ao limite temporal a que há-de atender-se na consideração da extinção do direito do autor, cfr. nota anterior.

[81] No direito alemão admite-se a confirmação por deliberação de uma anterior anulável (§ 244 Aktiengesetz cit.). E entende-se que por essa via a deliberação anterior convalesce (cfr. por exemplo, HÜFFER, *Aktiengesetz Komentar cit.*, p. 124; H. SCHILLING, *Aktiengesetz Grosskommentar*, p. 372; KARSTEN SCHMIDT, *Juristenzeitung*, 1977, p. 774). Com a consequência de que por essa via se extingue o direito do autor (cfr. autores e lugares citados nesta nota).

[82] Tanto por via de acção como de reconvenção.

pode ele fazer valer esse interesse se à data da renovação da deliberação já tinha interposto a acção de anulação da deliberação precedente. Tenhamos em conta que a sanação do vício operada pelo novo acto é um facto que altera a situação substantiva discutida no processo. Mas este não pode ser tomado em consideração sem que, trazido supervenientemente à lide, sobre ele se não dê a possibilidade de se pronunciar ao impugnante (cfr. art. 506.º, n.ºˢ 1 e 3 do Código de Processo Civil). Assim, o sócio legitimamente interessado em obter, não obstante a sanação, a anulação da deliberação, deverá invocar esse seu interesse em articulado superveniente e oferecer com ele a respectiva prova (art. 506.º, n.º 3 do Código de Processo Civil), seguindo-se os ulteriores termos (cfr. n.º 4 do artigo citado). A tanto impõe o princípio do contraditório no processo.

6.6.1. *Em particular, a concessão pelo tribunal de prazo para que a sociedade proceda à renovação*

Para completar o quadro já esboçado da incidência da renovação em processos de anulação ou de declaração de nulidade já instaurados, há que mencionar ainda o n.º 3 do art. 62.º, introduzido aquando da revisão final do Projecto. Nos termos dessa norma, o tribunal em que tenha sido impugnada uma deliberação pode conceder prazo à sociedade, a requerimento desta, para que ela proceda à renovação da deliberação. Este preceito inspira-se no art. 363.º da Lei das Sociedades Comerciais francesa de 1966 e representa um afloramento muito claro do favor que à lei merece a conservação das deliberações. O legislador, consciente dos transtornos que as acções de impugnação acarretam ao tráfico jurídico evita a todo o custo que as deliberações venham a ser anuladas permitindo para isso que, no

44

decurso do processo, a sociedade possa beneficiar ainda de um prazo para as renovar [83].

Uma primeira observação a fazer é que a concessão do prazo só está prevista para a renovação de deliberações anuláveis [84]. E coerentemente, por certo. Se não se admitiu uma renovação sanante de deliberações nulas, se pois o vício é sempre invocável por quem nisso tenha interesse, nenhuma vantagem adviria de se atrasar a marcha processual para que a sociedade pudesse renovar. Já se estão em causa deliberações anuláveis, elas podem no nosso sistema manter-se, apesar do vício, pela renovação. Cobra aqui desta forma todo o interesse em facultar à sociedade a dilação necessária para a sanação.

O nosso Código não estabelece o momento em que o requerimento para a concessão do prazo deve ser apresentado. Pensamos que sendo essa concessão estabelecida no interesse da sociedade, ela deve requerê-la ao aduzir a sua defesa [85] [86].

---

[83] Neste sentido, por exemplo, DUPEYRON, *La régularisation des acts nuls*, Paris, 1973, p. 112.

A nível comunitário, a defesa do tráfico contra a invalidade das deliberações mereceu já uma proposta de directiva da Comissão das Comunidades ao Conselho, nos termos da qual o tribunal competente deve poder conceder um prazo à sociedade para a substituição da deliberação por outra tomada em conformidade com a lei e os estatutos . (Cfr. HÉMARD, TERRÉ e MABILAT, *Societés Commerciales*, Paris, 1978, tomo III, n.º 746). Esta preocupação inspirou também a directiva 68-151, de 9-3-1968, que vem a limitar, em nome da segurança jurídica, os casos de nulidade em matéria de constituição das sociedades. (Cfr., YVES SERRA, *Nullité et inopposabilité au regard de la réception de la directive 68-151 du Conseil des Communautés européennes par la législation française des societés*, in *Recueil Dalloz Sirey*, 1973, chr. XI).

[84] É elucidativa a referência à «impugnação». Este termo, conquanto muitas vezes usado promiscuamente para designar tanto a anulação como a declaração de nulidade, aparece no texto legal com o seu sentido técnico preferível e que é o de sinónimo de anulação. A conclusão reforça-se pelo cotejo com outras disposições onde, a propósito de deliberações nulas, se fala de declaração de nulidade (por exemplo, art. 57.º n.ºs 1 e 2).

[85] Não o fazendo poderá ainda proceder-se à renovação da deliberação e, trazido este facto ao processo em articulado superveniente, ele há-de ser tomado em conta na decisão final nos termos já analisados (cfr. supra, n.º anterior).

[86] O requerimento, quando apresentado, não envolve por si acordo

Apresentado o requerimento, importa determinar qual a atitude que, em geral, há-de ser seguida pelo tribunal, já que o legislador parece ter deixado o seu deferimento à discricionaridade do juiz [87]. Esse poder não deverá seguramente ser usado de molde a tolher o empenho do ordenamento na conservação da deliberação. Assim, se a sociedade demonstra o seu interesse na renovação, o tribunal deve, em princípio, deferir o seu pedido de prazo para o efeito. O espaço de manobra que a lei confere ao juiz equivale ao reconhecimento de uma possibilidade de recusa, de sentido flexibilizador com vista à adequada solução do litígio, mas que há-de ser actuada com parcimónia.

O indeferimento caberá por exemplo quando for manifesta a intenção meramente dilatória da sociedade. E igualmente quando for patente que o autor da acção de anulação tem um interesse legítimo em que seja decretada a anulação da deliberação pois que a sua sanação pela renovação lhe não será, então, oponível.

Deferido o pedido há que aguardar que a sociedade, em novo requerimento, dê notícia da renovação e ofereça a respectiva prova. Desencadear-se-ão então as consequências já referidas anteriormente.

---

acerca dos factos constitutivos do direito potestativo de anulação da deliberação social. Pode muito bem acontecer que tenha sido interposto a título eventual, para o caso de se vir a reconhecer o direito de anulação.

[87] O nosso legislador não foi tão longe quanto o seu congénere francês que chega a impor uma obrigação de fixação de prazo ao tribunal se a sociedade iniciou já o processo de regularização. E mesmo fora da ocorrência desses pressupostos, admite-se em França que o juiz tome, oficiosamente, essa iniciativa. (Cfr. art. 363.º al. 2) e 3) *da lei cit.*); assim LE GALL, *Nullités, Encyclopedie Dalloz*, (*Sociétés*), n.º 61, e tb. NGUYEN XUAN CHANH, *La nullité des sociétés commerciales dans la loi du 24 juillet 1966, Recueil Dalloz Sirey*, 1968, chr. IV, n.º 43.

46

7. As deliberações renovatórias inválidas

Passada a vista sobre os efeitos da renovação regular de deliberações, é oportuno atermo-nos agora sobre as consequências da invalidade das deliberações renovatórias. Para o efeito distinga-se consoante a modalidade da invalidade é a nulidade ou a simples anulabilidade.

Se a deliberação renovatória é nula nenhum efeito ao qual directamente tendia se produzirá. Tendencialmente [88], tudo se passará como se não tivesse sido tomada [89]. Desta sorte, e consoante os casos, não revogará os efeitos da anterior, não será apta a ordenar para o futuro as relações sociais, não terá eficácia retroactiva [90], não sanará os vícios da anterior anulável. Por isso não influenciará de nenhum modo as acções declarativas de nulidade ou de anulação já instauradas contra a deliberação renovada. Tudo sem necessidade de impugnação judicial [91].

Já se a deliberação renovatória se apresenta como meramente anulável, as coisas passam-se de modo diferente. É que essa deliberação, apesar do vício de que é portadora, não deixa de surtir a eficácia que, segundo o seu teor, lhe deva corresponder. A relevância do vício implica o exercício do direito (potestativo) de anulação, o qual requer uma decisão (constitutiva) de anulação

---

[88] Dizemos tendencialmente porque uma deliberação nula, como em geral o negócio jurídico nulo, pode desenvolver efeitos indirectos, secundários ou laterais, precisamente porque ela não é um «nada jurídico» (cfr., por exemplo, RUI DE ALARCÃO, *op. cit.*, p. 35, p. 36, notas 16 e 17, p. 56, nota 52 e p. 82, nota 111).

[89] Há que atender porém à possibilidade de redução ou de conversão.

[90] Se a causa da nulidade é apenas a ofensa, em certos termos, dos limites postos à retroactividade das deliberações, parece dever admitir-se a redução da deliberação, a qual operará apenas para o futuro, a não ser que ela não tivesse sido tomada sem a parte viciada.

[91] Sublinhando, como por último o texto, a desnecessidade do recurso aos tribunais, GODIN/WILHELMI, *Aktiengesetz Kommentar*, Berlim, 1967, anotação 2 ao § 244 e MÖHRING, NIRK e TANK, *Handbuch der Aktiengesellschaft*, Colónia, 1978, I, p. 235.

proferida pelo tribunal. Dir-se-á desta vez que a deliberação renovatória anulável produzirá *ab initio* todos os efeitos que lhe são próprios e que esses efeitos se tornam definitivos logo que a deliberação convalesça. (Assim, o sócio que tiver interesse em prevalecer-se da anulabilidade da primitiva deliberação terá que impugnar autonomamente a deliberação renovatória sanante) [92]. Esta a solução dos princípios. Mas dela se afastou o legislador quanto a um círculo bem delimitado de hipóteses: aquelas em que a deliberação renovatória repete o vício da deliberação renovada anulável.

Sempre que não é este o caso, o que vai dito vale. Suponhamos que uma deliberação nula porque tomada em assembleia geral não convocada vem a ser renovada mediante deliberação anulável por não ter sido precedida do fornecimento ao sócio de elementos mínimos de informação. A nova deliberação constitui-se em nova fonte da ordenação da vida social visada pela antecedente, desenvolverá se for o caso eficácia retroactiva, determinará a absolvição da instância da sociedade na acção declarativa de nulidade da deliberação antecedente por falta de interesse em agir do autor. E estes efeitos consolidar-se-ão definitivamente com o decurso do prazo para intentar a sua impugnação [93].

Do mesmo modo se configuram as situações em que a uma deliberação anulável sucede uma outra renovatória, também anulável, mas por vício diferente da precedente. Por exemplo, quando uma deliberação viciada por não ter sido precedida do fornecimento ao sócio de elementos mínimos de informação vem a ser renovada por outra que, embora tendo satisfeito essa

---

[92] Sem prejuízo do direito que lhe assiste por força do art. 62.º n.º 2 parte final de, ocorrida a sanação da deliberação renovatória, vir a requerer a anulação da primeira deliberação cujo convalescimento a segunda operou.

[93] Ou sempre que, claro está, tendo embora sido impugnada tempestivamente a deliberação, a acção tiver sido julgada improcedente.

exigência, no entanto não se mostrou tomada pela maioria qualificada que os estatutos exigiam. Também aqui, só a impugnação da nova deliberação impedirá que esta surta os efeitos que lhe são próprios: revogação *ex nunc* dos efeitos da anterior, sanação da precedente, substituição desta para o futuro, determinação do decaimento do autor quanto ao pedido de anulação da deliberação antecedente.

Cabe aqui formular uma pergunta que frequentemente se porá na prática: pode o autor numa acção declarativa de nulidade ou de anulação de uma deliberação, quando na pendência da acção tenha ocorrido uma deliberação renovatória anulável, aproveitar o mesmo processo para impugnar também esta última? A nosso ver, há que distinguir. Se a sociedade-ré, reputando a nova deliberação válida, a trouxe ao processo como facto superveniente destinado a provocar a improcedência da acção ou a absolvição da instância, ao autor há-de ser reconhecido o direito de contestar a validade dessa deliberação (art. 501.º, n.º 1 e 3 do Código de Processo Civil) [94]. Assim, a sentença a proferir não poderá deixar de se pronunciar sobre a nova deliberação. E se a nova deliberação não tiver sido invocada pela ré, como acontecerá normalmente por ser cognoscível a sua invalidade? Neste caso parece que não pode o autor da acção pendente impugnar a deliberação renovatória posterior no processo já instaurado. É que, sendo as deliberações em causa duas distintas e padecendo cada uma delas de vício diferente, a sua apreciação conjunta no mesmo processo implicaria uma cumulação sucessiva de duas acções completamente distintas. O autor terá pois de proceder à impugnação, por separado, da nova deliberação [95] [96].

---

[94] O momento até ao qual a sociedade pode invocar a ocorrência da renovação é o do encerramento da discussão.

[95] O acórdão do S.T.J., de 13-11-64, (*B.M.J.*, n.º 141, p. 287), noticiado por V. G. LOBO XAVIER, (*op. cit.*, p. 463, nota 108) terá perfilhado entendimento diverso daquele que foi proposto: num caso em que a deliberação renovatória

Passemos agora às hipóteses que, dissemos, ofereciam particularidade: aquelas em que há uma identidade de vício, de vício que sujeita à anulação, na deliberação precedente e na posterior que a renova. Assim, uma deliberação que não tenha sido precedida do fornecimento ao sócio de elementos mínimos de informação vem a ser renovada por deliberação em cujo processo formativo se não observou também essa exigência. Por aplicação dos princípios gerais apontados, dir-se-ia que a nova deliberação produziria todos os seus efeitos *ab initio*, ainda que provisoriamente, pois que eles estariam sujeitos à destruição retroactiva se algum sócio a impugnasse com êxito. É aqui contudo, que o art. 62.º, n.º 2, 1.ª parte, vem introduzir uma diferente regulamentação: ao estabelecer como requisito da sanação da anulabilidade de uma deliberação que a renovatória não enferme do vício daquela, o legislador excluiu *ipso iure* a sanação do vício em casos de repetição deste pela nova deliberação. O efeito sanatório não se produz, nem sequer a título precário. Não se

---

anulável padecia de vício diferente da anterior deliberação renovada, aceitou que a impugnação da segunda deliberação tivesse lugar dentro do processo relativo à primeira.

[96] Suponhamos agora, e em particular, que foi tomada uma deliberação anulável, depois impugnada, e que veio mais tarde na pendência do processo a ocorrer uma deliberação renovatória anulável, a qual foi também impugnada pelo sócio em acção distinta. Nestes casos, pode o juiz da primeira causa ordenar a suspensão da instância, verificados os requisitos do art. 279.º do Código de Processo Civil. Há, com efeito, um nexo de prejudicialidade entre ambas as acções: a decisão da segunda, o juízo que aí se emitirá sobre a validade da deliberação renovatória, pode afectar a decisão a proferir na primeira. Basta pensar que se a deliberação posterior é achada válida, a primeira considerar-se-á sanada.

Já não parece de admitir o referido nexo quando a primeira acção se destina a obter a declaração de nulidade de uma deliberação e a segunda é de simples anulação. Pois que o eventual reconhecimento da validade da deliberação posterior nenhuma influência exercerá no juízo acerca da validade da primeira. Esta será sempre nula. Certo que uma renovação válida pode fazer desaparecer o interesse em agir na acção de declaração de nulidade da deliberação renovada. Mas isso não basta para afirmar a prejudicialidade, a qual se confinará, pensamos, ao plano substantivo.

50

torna pois necessária a impugnação da nova deliberação para destruir a sua eficácia de sanação [97].

A solução vigente veio nesta parte acolher a opinião, ao que parece maioritariamente defendida na Alemanha antes da entrada em vigor da Aktiengesetz de 1965, nos termos da qual, se a nova deliberação padecesse do mesmo vício da deliberação anulável anterior, não produziria a sanação da precedente, sem necessidade de ser por sua vez impugnada [98]. Esta orientação apoia-se na ideia de que o entendimento contrário conduziria a um «amontoar» desnecessário de processos, o que representaria uma falta de economia processual e, em todo o caso, um incó-

---

[97] Cremos que este entendimento é tanto mais seguro quanto tivermos presente que o legislador português se afastou conscientemente do texto do § 244 da Aktiengesetz alemã, nos termos do qual a impugnação não pode ser feita valer quando a assembleia confirmou a deliberação anulável através de nova deliberação e *esta não foi impugnada ou o pedido de anulação rejeitado*, e que veio pôr termo às divergências até então existentes.

[98] Cfr. a sentença do BGH, de 27-9-1956, com anotação no conjunto favorável de Mestmäcker, in *Juristenzeitung*, 1957, p. 179 e ss.; Von Caemmerer, *op. cit.*, p. 290 e ss.. Mas contra, Ballerstedt, *op. cit.*, p. 243 e ss. e Hüeck, *op. cit.*, p. 420.

Hoje, a doutrina dominante exige a impugnação da segunda deliberação. Cfr. Zöllner, *op. cit.*, p. 148 e ss.; Schilling, *loc. cit.*, anotação 4 ao § 244; Hüffer, *loc. cit.*, p. 123 e ss..

Há que notar contudo que as reflexões dos autores alemães têm sobretudo presente a confirmação por deliberação da assembleia de uma anterior anulável, e não tanto a renovação. As diferenças de perspectiva esbatem-se porém se tivermos em conta que a lei portuguesa concebe a renovação como modo de convalescença da deliberação anulável, à semelhança da confirmação.

Na Itália, o problema também é conhecido. Pela desnecessidade da impugnação da deliberação renovatória anulável está Romano-Pavoni, com base no art. 2377.º do Codice ao dizer que «não pode ser decretada a anulação se uma deliberação é substituída por outra tomada em conformidade com a lei ou o acto constitutivo». Por isso, se a nova deliberação não se apresenta conforme seguir-se-ia que a condição legal que impede a anulação da primeira, não se verificaria desde logo. Contra, Buttaro, o qual releva que a segunda deliberação é de todo autónoma com respeito à precedente e se rege unicamente pelas normas gerais respeitantes à formação e validade das deliberações (*op. cit.*, col. 1.136); também contra, Pavone La Rosa, *op. cit.*, p. 905.

modo suplementar para o impugnante da primeira deliberação [99]. Para além de evitar que a sociedade, abusivamente, renovasse sucessivamente uma deliberação anulável sem remover o vício na torpe intenção de beneficiar da sua eventual não-impugnação por inadvertência ou ligeireza do sócio [100].

No entanto há que apontar ao regime do Código o seu em muitos casos mais aparente do que real alcance prático se tivermos em conta a extrema dificuldade de determinar quando uma deliberação renovatória enferma do vício da precedente. Havendo dúvidas, o impugnante da primeira impugnará a segunda por uma questão de segurança. Assim, haverá identidade de vício quando, deliberado um aumento de capital, para que os estatutos estabeleciam uma maioria qualificada, duma vez faltavam 100 votos e da segunda vez se perfez essa maioria por terem sido agora indevidamente contados os votos de quem não podia emitir votos acima de um certo limite? Haverá identidade de vício para efeitos do art. 58.°, n.° 4 al. *a*) quando uma deliberação é tomada sem que do aviso convocatório constasse a sua matéria e mais tarde ela é renovada embora a menção naquele aviso do assunto sobre a qual incidiria fosse desta vez confusa ou incompleta? Pode dizer-se com Zöllner [101], que nos exemplos apresentados, a identidade do vício, a aceitar-se, não seria identidade da situação, mas identidade da norma violada.

---

[99] Justificação semelhante aparece formulada na sentença do BGH citada na nota anterior. E a consideração destas razões pesou tanto que se prescindiu da cabal fundamentação no plano dogmático-normativo (cfr. *loc. cit.*, p. 180). Ao encargo suplementar referido no texto aduziríamos nós ainda o acréscimo do risco processual, também em matéria de custas.

[100] Escreve ZÖLLNER que o argumento não colhe por não estar de nenhum modo excluído que uma abusiva utilização do mecanismo da confirmação (leia-se renovação) possa determinar a nulidade da deliberação confirmatória (leia-se renovatória) (*op. cit.*, p. 151). Entre nós, contudo, a sanção para as deliberações abusivas parece ser a da mera anulabilidade (art. 58.° al. *b*)). Sobre a problemática possibilidade (?) da confirmação (leia-se renovação) de uma deliberação abusiva, cfr., BALLERSTEDT, *op. cit.*, p. 248-251.

[101] *Op. cit.*, p. 153.

52

Se a solução apontada resulta a nosso ver com toda a clareza do teor literal da norma em apreço e se a favor dela militam ponderosas razões de economia processual e de protecção a quem tenha interesse em impugnar a deliberação renovada, ela não encontrou ainda, que víssemos, uma fundamentação que a harmonizasse com os princípios dogmáticos gerais da matéria. Como explicar, a não ser através de uma expressa decisão do legislador, a desnecessidade de uma autónoma impugnação de uma deliberação renovatória que repita o vício da anterior (anulável), para impedir o efeito sanatório?

Queremos apenas aludir a uma tentativa que, da perspectiva processual, foi levada a cabo pelo jurista alemão Arens [102]. Para este autor, a acção de anulação de uma deliberação social não teria primária e exclusivamente em vista a defesa do interesse do impugnante. Competir-lhe-ia antes a função de ser instrumento de controlo pelos sócios da conformidade objectiva das deliberações com o direito. Nessa medida, objecto da anulação não seria a destruição de uma deliberação concreta, antes a remoção de um modo de violação da lei ou dos estatutos, afinal, de um tipo de ilícito. Assim, se no decurso do processo em que foi impugnada uma deliberação esta vem a ser renovada por outra que enferma do mesmo vício, a sentença de anulação proferida contra a primeira não deixará de produzir essa mesma eficácia também relativamente à segunda. É que também a segunda integra, para este autor, o objecto do processo, (sem ofensa da unidade deste), pois não violou ela a mesma norma jurídica que foi violada pela primeira? [103].

---

[102] *Streitgegenstand und Rechtskraft im aktienrechrlichen Anfechtungsverfahren*, Bielefeld, 1960.

[103] Há que explicar que Arens tem em vista os casos em que a renovação irregular ocorreu até ao momento do encerramento da discussão. Cfr. para tudo o exposto, a *obra citada*, p. 51 e ss., p. 88 e ss., e p. 106 e ss..

ARENS diz ainda, em consonância com os seus pontos de partida que, quando uma deliberação é renovada, com o mesmo vício, depois da sentença

Apreciando: não é possível dizer-se que, como duas deliberações infringiram do mesmo modo a mesma norma [104], a eficácia da sentença que anula a primeira se comunica à segunda quando esta ocorreu na pendência do processo de impugnação da primeira. É que a sentença tem de se confinar ao objecto da acção, e este não é dado pelo tipo de violação da norma jurídica que urge remover, mas pela situação ou relação material controvertida. Ora é bom de ver que quando sucessivamente se tomam duas deliberações que, em termos de anulabilidade, infringiram de modo idêntico a lei ou os estatutos, estamos perante duas situações de facto perfeitamente distintas, o que não permite integrar a segunda no objecto da acção de anulação da primeira. Recorde-se, em abono do que vai dito, que a acção de anulação é o modo pelo qual se exercita um direito de anulação. E este direito, como potestativo que é, visa directamente a extinção de determinados efeitos jurídicos concretos e opera portanto em relação a uma situação jurídica bem individualizada. Por outras palavras, visa sempre a destruição de uma *precisa* deliberação (e não já, como quer Arens, a remoção de um tipo de ilícito).

O excurso feito pela posição deste autor e, sobretudo, pelas observações que se lhe podem fazer, é tanto mais justificado quanto pretendemos pôr agora em relevo que, na sua interpretação mais natural, o Código só dispensa a impugnação da deliberação renovatória que repita o vício da anterior quando se

---

que a anula, embora haja que impugnar a última deliberação sob pena de esta se convalidar pelo decurso do prazo para a interposição da acção de anulação, no respectivo processo o tribunal fica vinculado à sentença precedente quanto ao juízo emitido sobre a violação da lei ou dos estatutos operada sobre a facti-species com aquela configuração. É que a questão da antijuridicidade da deliberação que repetiu o vício já foi resolvida no primeiro processo (*op. cit.*, p. 118).

Digamos que a posição de Arens, ao estender pelo modo que se viu a eficácia das sentenças de anulação de deliberações sociais, vem a aproximar de algum modo essas acções das acções condenatórias *in futurum*, as quais permanecem excepcionais no nosso direito processual.

[104] Convém ter presente a dificuldade, já referida, de emitir tal juízo.

trate de impedir que a nova deliberação *sane* o vício da anterior anulável [105]. A fazer fé nos princípios gerais, deverá coerentemente continuar a exigir-se a impugnação da nova deliberação sempre que se queira impedir todos os outros efeitos que ela seja apta a produzir segundo o seu teor: assim, a revogação *ex nunc* dos efeitos da deliberação anterior e a nova ordenação de interesses que ela, como deliberação tomada de novo, visa produzir no futuro. A nova deliberação é distinta e terá de ser autonomamente anulada para que não produza esses outros efeitos. E não poderá o autor, na mesma acção em que pediu a anulação da primeira obter a anulação da segunda entretanto tomada por tal lhe estar vedado pelos mecanismos processuais, os quais proíbem a cumulação sucessiva de acções.

---

[105] É evidente que se a primeira deliberação foi já anulada, a nova deliberação, padeça ou não de um vício idêntico, não produzirá a sanação da anterior pois que esta, porque destruída já pela sentença, se vem a resolver agora numa deliberação nula, e como tal, insanável. A sua renovação virá agora a reger-se pelo n.º 1 do art. 62.º.

55

BIBLIOGRAFIA

Aktiengesetz Grosskommentar, de GADOW e outros, refundida por BARZ, SCHILLING e outros, Berlim, 1973.

Aktiengesetz Kommentar, de GESSLER, HÜFFER, HEFERMEHL e outros, Munique, 1978.

Anteprojecto da Lei das Sociedades por Quotas de Responsabilidade Limitada, da autoria dos Profs. A. FERRER CORREIA e VASCO LOBO XAVIER e dos Drs. MARIA ÂNGELA COELHO e ANTÓNIO A. CAEIRO.

ALARCÃO, Rui — *A Confirmação dos negócios anuláveis*, Coimbra, 1971.

—— *Efeito da Confirmação dos Negócios Anuláveis*, in *Bol. Fac. Dir.*, Coimbra, vol. IV, 1978.

ARENS, Peter — *Streitgegenstand und Rechtskraft im aktienrechtlichen Anfechtungsverfahren*, Bielefeld, 1960.

ASCARELLI, Tullio — *Saggi di diritto commerciale*, Milão, 1955.

ASQUINI, Alberto — *Rinnovazione di deliberazione assembleare annullata*, in *Riv. Dir. Commerciale*, 1940, t. II.

BALLERSTEDT, Kurt — *Die Bestätigung anfechtbarer Beschlüsse körperschaftlicher Organe*, in *Zeitschrift für das gesamte Handelsrecht und Wirtschaftsrecht*, 1962.

BARTHOLOMEYCZIK, Horst — *Der Körperschaftsbeschluss als Rechtsgeschäft*, in *Zeitschrift für das gesamte Handelsrecht und Konkursrecht*, 1938.

BUTTARO, Luca — *Rinnovazione di deliberazione assembleare annullabile con altra deliberazione anch'esse invalida*, in *Il Foro Italiano*, 1954, t. I.

CAEMMERER, Ernst von — *Die Bestätigung anfechtbarer Hauptversammlungsbeschlüsse*, in *Festschrift für Alfred Hueck*, 1959.

CHANH, Nguyen Xuan — *La nullité des societés commerciales dans la loi du 24 juillet 1966*, in *Recueil Dalloz Sirey*, 1968, chr. IV.

CHIOMENTI, Filippo — *La revoca delle deliberazione assembleari*, Milão, 1969.

CORREIA, A. Ferrer — *Lições de Direito Comercial*, Coimbra, 1968.

DUPEYRON, Christian — *La régularisation des actes nuls*, Paris, 1973.

Enciclopedia del Diritto — v. *Nullità* (Raffaele Tommasini)

—— — v. *Inefficacia* (Vicenzo Scalisi).

FERRI, Giovanni — *Le società*, Milão, 1971.

—— *Manuale di Diritto Commerciale*, Turim, 1968.

FRÉ, Giancarlo — *Società per azioni* (in *Commentario del Codice Civile*, dirigido por Scialoja e Branca, arts. 2325.º-2461.º), Bolonha-Roma, 1966.

FURTADO, Pinto — *Código Comercial Anotado*, Coimbra, 1979.

GRISENTI, Lina — *Note sull'art. 2377.º, ultimo comma, c. c. e sulle deliberazioni implicite'nella società di capitali*, in *Riv. delle Società*, 1968.

GODIN/WILHELMI — *Aktiengesetz Kommentar*, Berlim, 1967.

HÉMARD, TERRÉ e MABILAT — *Sociétés Comerciales*, Paris, 1978.

HUECK, Alfred — *Mangelhafte Gesellschafterbeschlüsse bei der GmbH*, in *Festschrift für Erich Molitor*, Munique, 1962.

IRTI, Natalino — *La ripetizione del negozio giuridico*, Milão, 1970.

LARENZ, Karl — *Allgemeiner Teil des deutschen Bürgerlichen Rechts*, Munique, 1983.

—— *Metodologia da Ciência do Direito*, Lisboa, 1978.

LE GALL, Erwin — *Nullités*, in *Encyclopedie Dalloz* (Sociétés).

MATOS, Albino — *A documentação das deliberações sociais no Projecto de Código das Sociedades*, sep. da *Rev. do Notariado*, 1985.

MESTMÄCKER, Ernst-Joachim — *anot. sent. BGH de 27-9-1956, Juristenzeitung*, 1957.

MÖHRING/NIRK/TANK — *Handbuch der Aktiengesellschaft*, Colónia, 1978.

Novissimo Digesto Italiano — v. *Revoca* (Salvatore Romano).

PAVONE LA ROSA, Antonio — *La Rinnovazione delle deliberazioni assembleare invalide*, in *Banca, Borsa e Titoli di Credito*, 1954.

PINTO, Carlos Alberto da Mota — *Teoria Geral do Direito Civil*, Coimbra, 1983.

ROMANO-PAVONI, Giuseppe — *Le deliberazioni delle assemblea delle società*, Milão, 1951.

SCHMIDT, Karsten — *Zum Streitgegenstand von Anfechtungs — und Nichtigkeitsklagen im Gesellschaftsrecht*, Juristenzeitung, 1977.

SCHOLZ KOMMENTAR, 1978 — *Comentário de K. Schmidt ao § 45.*

SERRA, Adriano Vaz — *RLJ, ano 105, anot. ac. STJ de 26-11-1971, p. 300 e ss..*

SERRA, Yves — *Nullité et inopposabilité au regard de la Réception de la directive 68-151 du Conseil des Communautés européennes par la législation française des sociétés*, in *Recueil Dalloz Sirey*, 1973, chr. XI.

XAVIER, Vasco da Gama Lobo — *Alteração do pacto social de sociedades por quotas não reduzida a escritura pública*, in *RLJ, ano 117, p. 255 e ss.*

—— *Anulação de deliberação social e deliberações conexas*, Coimbra, 1976.

—— *Invalidade e ineficácia das deliberações sociais no Projecto de Código das Sociedades*, in *RLJ, ano 118, p. 72 e ss.*

ZÖLLNER, Wolfgang — *Die Bestätigung anfechtbarer Hauptversammlungsbeschlüsse*, in *Zeitschrift für Zivilprozess*, 1968.